Herr Lektor P. Waldenströms Nya Försoningslära, Jemförd Med Bibelns Och Luthers Lära - Primary Source Edition

Emil Teodor Gestrin

Herr Lektor P. Waldenströms

Nya Försoningslära,

jemförd med

Bibelns och Luthers lära

af

E. T. Gestrin.

Åbo,
G. W. Wilén & Co:s boktryckeri,
1880.

J. V. Hellberg
lahjoittanut.

Ack, blif hos oß, o Jesu Christ, Ty afton är nu kommen wißt; Din helga läras klara ljus Låt alltid lysa i ditt hus.

Nu är en fast bedröflig tid, Förlän fördenskull, Herre blid, Att wi behålle kärt och kändt Ditt rena ord och sakrament.

Helt syndigt går nu hos oß till: Din kyrka hjelp, o Jesu mild! Gif kraft och styrka med ditt ord, Så att deß werkan warder spord.

Behåll oß faste wid ditt ord Förhindra satans trug och mord, Så att din kyrka i all tid Må se att du är henne blid.

Du wärdes, Herre, se dertill, Att mången lärer som han will; Förnuftet will nu måstra Gud Och tadla djerft hans ord och bud.

De stolta andar dämpa ned, Som stråfwa utan rast och fred Att föra nytt på banen an, Förfalskande din lära sann.

Din sak det är, o Jesu mild, Dig kommer ock all ära till; Fördenskull på dens sida stå, Som här ditt ord förswara må.

Ditt ord är i wår nöd och sorg Wår säkra tröst och fasta borg; Derwid behåll din kyrka ren, Och freda henne från allt mehn.

Gif att ditt ord oß lyser så, Att wi i mörkret icke gå, Men genom denna jemmerdal Må wandra till din himmels sal.

(Efter L. Stenbäck.)

Guds evangelium är det herrligaste ljus, som belyser jordens nejder. Det wittnar om rättfärdighetens sol, Kristus, och om salighet under Hans wingar. Derföre heter det hos profeten om den ängd, dit detta ljus sprides: Folket, som i mörkret wandrar, ser ett stort ljus, och öfwer dem som bo i ett mörkt land, skiner det klarligen. Es. 9: 2. Evangelium är en ljuflig predikan om Kristus och hans werk för oß, hans bittra pina och död samt hans segerrika uppståndelse. Enligt Kristi egen befallning gingo apostlarne ut i wida werlden och förkunnade evangelium för det återlösta menniskoslägtet. Ap. Paulus erinrar i Kor. 15: 1—4, hurudant evangelium han förkunnat för Korinterne, att nemligen Kristus för dem war död, begrafwen och uppstånden enligt skrifterna. Detta evangelium war en Guds kraft till salighet för alla dem, som trodde, och det har än i dag denna kraft. Dit evangelium sändes, der bär det frukt. Dit detta ljus framtränger, der upplyser, upplifwar och wärmer det menniskohjertan. Det har med sig rättfärdighet, frid och fröjd i den Helige Ande. Hwarest evangelium om den korsfäste predikades, till och med för hedningar, der war den Helige Ande werksam, helga mannasamfund bildades och kristliga församlingar uppblomstrade. Der war ett jubel öfwer Guds stora nåd i Kristo Jesu, der blef ett annat lif; de stumma afgudarne bortkastades och man började af hjertat tjena den lefwande och sanne Guden. Allehanda goda gerningar uppspirade, och kärleken uppwärmde det frusna menniskohjertat. Men detta lifgifwande Guds evangelium har swåra motståndare. Mörkrets furste wet, hwilken kraft evangelium har, derföre har han alltid sökt rasa emot detsamma, och han har till bundsförwandt den otrogna, sjelfkloka werlden. Ty ehuru ewangelii hugneliga predikan erbjudes alla, och det förkunnar, huru Kristus påtagit sig alla menniskors synder, lidit och dött för dem, så att han genom sin död försonat hwarje menniska med Gud samt uppstått för alla, för att wara wår ewiga rättfärdighet, annammas dock detta budskap icke af alla, som höra det; nej, det är wäl för några en lifsens lukt till lifs, men för andra en dödsens lukt till döds. Om ock en del tror och warder salig, förblir dock wanligtwis den stora hopen i sitt andeliga mörker samt uppwäcker split och förföljelse emot ordets förkunnare. Ända ifrån den trogne Abel har den rätta tron och bekännelsen warit motsagd och förföljd. Guds profeter blefwo dödade, Guds egen son blef korsfäst, hans sändebud mißhandlades på mångahanda sätt. Till följd af menniskornas otacksamhet och ondska flyttar Gud sin ljusastaka till annat rum, och ofta uppstå allehanda partier och willoandar, der ordet förut lyst. Derföre warnar Paulus de äldste i Efesus, Ap. 20: 28—30: Så hafwer nu akt på eder och på allan hjorden, i hwilkom den Helige Ande hafwer eder satt till Biskopar, att regera Guds församling, hwilka han hafwer förwärfwat med sitt blod. Ty jag wet det, att sedan jag skils ifrån eder, skola komma ibland eder swåre ulfwar, de der hjorden icke spara skola. Och af eder sjelfwom skola män uppkomma, som tala skola det orätt är, och draga Lärjungar till sig. Det är hemskt, att äfwen ibland dem, som hyllat evangelium, män kunnat uppstå, som åter söka nedrifwa, hwad som blifwit uppbygdt. Men ofta är härwid fallet, att sådana icke någonsin sjelfwe warit rätt upplyste, fastän de haft bifall till ordet och någon känsla deraf. 1 Joh. 2: 18, 19. Käre barn, nu är den ytterste tiden, och såsom I hafwen hört, att Antikrist skall komma, ja, nu äro allaredo månge Antikrister wordne, och deraf wete wi, att den ytterste tiden är nu. De äro utgångne af oß; men de woro icke af oß. Hade de warit af oß, då hade de ju blifwit när oß; men på det de skulle blifwa uppenbare, att de äro icke alle af oß. Deraf kommer det, att mången, som förut hyllat evangelium, blifwer deß motståndare och råkar i lagens träldom, såsom Galaterna. Ja, mången förut evangelisk lärare börjar slutligen endast drifwa lag och påyrka deß gerningar med förbiseende af Kristus. Oftast har händt, att de förut sjelfwa warit för mycket evangeliska, det will säga, att de nästan förkastat lagen och deß embete, men då de finna, att detta drar till fjälls, att lösaktighet uppstår genom en lösaktig lära, och de åfwen sjelfwa finna, huru andans frukter saknas, då skylla de evangelium derför, och blifwa swåra evangelii fiender. Synden har ej warit rätt uppenbar hos dem sjelfwe, de ha ej heller warit rätt grundade på hälleberget Kristus, derföre göra de lätt ett swängom, och warda swåra ulfwar, som göra deß större skada, ju större anseende de under evangelii täckmantel förskaffat sig. Att åfwen ibland dem, som hafwa det rena evangelium, kunna uppstå farliga willoandar af dem som warit ansedde såsom lefwande kristna, härleder sig deraf att tron icke är hwar mans. Äfwen bland dem, som bekänna evangelium, finnes twänne hopar, wisa jungfrur och fåwitska. Med afseende å de fåwitska är ofta fallet, att deras hjertas åker ej är rätt djupt plöjd. Många göra sig, då de höra evangelium, en tro af sina egna tankar, såsom Luther säger, de gifwa evangelium sitt bifall och lära sig tala derom, men hjertats djupa förderf har ej blifwit rätt kändt. Isynnerhet har ej otros synden blifwit rätt uppenbar. Mången anser tron för en lätt sak, man tror blott utan widare och annammar nåden helt frimodigt, men hjertat förblir oförändradt, ty man har ej känt sig såsom en förtappad och fördömd syndare. Man kan bekänna evangelium utan att sjelf ha frid med Gud, utan att ha den Helige Ande och utan att wara delaktig af deß omskapande werksamhet. Man låtsar wara en kristen, men lefwer under syndens träldom och herrawälde. Så är det med mången, som genom evangelium blifwit liksom lockad till den kristna hopen, utan att dock werkligen bli ett nytt kreatur i Kristo. Detta är ett hemskt tillstånd; man hålles för ett Guds barn, men är det dock icke; man talar Guds ord, men hjertat är utan kraft deraf; man följer helst i smyg sina lustar och drager Guds nåd till lösaktigdet. Af sådana gifwer Luther en tydlig framställning i sin predikan om de fåwitska jungfrurna i kyrkopostillan. Några blifwa all sin tid i sådant tillstånd och gå förlorade. Men en del blifwer upprättad; det är sådana, som under denna halfhet lärt sig känna sin oförmåga till allt godt, sin oförmåga att tro, älska och frukta Gud, och blifwa nu först omwända, så att de finna, huru Kristus är oß gifwen till wisdom, rättfärdighet, helgelse och förloßning. De finna allt i honom; hans död och uppståndelse är deras tröst, och de komma till Gud genom honom allena. Men en annan del, som förblir obruten, skyller evangelium derföre, att de ej bära frukt, och de börja derföre öfwergifwa hela evangelii lära. De förkasta Kristi ställföreträdande lidande och rättfärdighet, och söka på annat sätt få menniskor upplifwade. Isynnerhet om de ha goda gåfwor, draga de menniskor hoptals till sig. Då de ej sjelfwa warit rätt rotade, ha de ej kunnat rätt utdela sanningens ord. De ha åstadkommit ett partiwäsende. Blott någon är willig att höra på dem, berömmes han genast såsom en kär broder och god kristen, fastän endast en ny klut blifwit lagd på ett gammalt kläde. Hwart en sådan partiledare wänder sig, följer hans anhang åt. De äro så intagna af sina ledares person, att de ej fatta, huru desse skulle kunna taga miste. Om ledaren förnekar hela Kristi förtjenst, så äro de färdiga att göra detsamma. Nu förklaras den rena läran för mindre wigtig. Kärleken och endrägten är hufwudsaken. Den rena lutherska läran mißaktas och man kommer wäl öfwerens med allehanda kättare, Baptister, Metodister etc. och ökar sina leder med sådant folk, samt uppträder sedan helt oförsynt emot Guds församling. Nu smädas sanningen och lögnen får wälde och djefwulen har wunnit spel. Då sådant ofog uppstår, då pröfwas, hwilka som äro rotade i sanningen, hwilka ej. Partier skola uppstå, på det de rättsinnige må wara uppenbara. De fåwitska jungfrurna lemna helt lättsinnigt de dyrbaraste läror och följa gladt med strömmen, men de wisa låta ej så lätt rifwa sig ned från klippgrunden. Om man will beröfwa dem wärdet af Kristi försoningsdöd, då hisna de och bli allt fastare i sin tro. De äro ej nöjda med tomt skum, och fåfängt snack, nej de ha Kristus såsom sin ewiga rättfärdighet, och de finna med djup bedröfwelse, hwart det leder, om kristendomens förnämsta läror förkastas. Det är raka wägen till afgrunden; ty den som ej hafwer sonen, han hafwer icke lifwet, utan Guds wrede blifwer öfwer honom. Tillämpningarna göra sig sjelfwa. Äfwen i Nordländerna har under sednare tider evangelii lifgifwande wind fläktat. Den rena evangeliskt lutherska läran har åter uppblomstrat och mången har med fröjd funnit sanningen. Detta försöker mörkrets furste motarbeta. Nu har en swår storm blifwit wäckt emot wår rena evangeliska lära genom herr lektor P. Waldenström, som förut burit evangelii baner, men nu offentligen nedrifwer de evangeliska hufwudläror, som han förut så warmt förfäktat. Och beklagligtwis följer största delen af hans förre wänner honom blindt i spåren, det må bära hwart som helst. Det är denne mans lära jag nu enligt mitt löfte *) går att i Herrans namn korteligen granska och bemöta. Gifwe Herren sin nåd och wälsignelse till detta företag, så att det skulle lända helst någon till warning och wäckelse under dessa farliga tider.

Då jag nu ytterligare wågar uppträda emot lektor P. Waldenströms lära, sker det icke derföre, att han icke i sitt hemland tillräckligt blifwit wederlagd. Nej ingalunda! Jag har twärtom med synnerlig fägnad förnummit, huru många högtwördade män i Swerige uppträdt till sanningens förswar samt gjort det med all grundlighet och lärdom, så att willfarelsen blifwit med kraftiga skäl wederlagd, om än motståndarene öfwermodigt wilja förneka detta. Min

---

*) I den lilla skriften: Warning för Waldenströmianismen, tryckt i Åbo hos G. W. Wilén 1878.

afsigt har warit blott att pröfwa, huru det står till med P. Waldenströms skriftenlighet, samt sammanföra ett och annat, hwad deremot kan wara att anföra, både ur den heliga skrift, wår lutherska lära och samtidens uttalade wittnesbörd, samt sålunda söka utreda denna wigtiga tidsfråga för mig sjelf, och dem, som icke warit i tillfälle att närmare taga reda på saken. Jag står härwid i stor tacksamhets skuld till dem, som i det swenska moderlandet uppträdt till den evangeliska lärans förswar, och hwilka nogsamt bewisa, huru fastrotad den saliggörande läran är hos det swenska folket. Isynnerhet har det högwördiga preståndet i Swerige med allwar och kraft uppträdt emot den uppenbara willfarelse, hwilken herr Waldenström med brytande af sin edliga förpliktelse börjat sprida i sitt fosterland. De fleste af Sweriges högtupplysta och högtwördade biskopar hafwa offentligen uttalat sitt ogillande af herr Waldenströms uppträdande och af hans förderfliga lära. Derföre klagar hans förnämste sekundant herr E. J. Ekman i den af dem båda utgifna tidskriften Wittnet (3:dje häftet 1879, pag. 84): „Det är från det högkyrkliga partiets sida, hwarifrån motståndet reser sig mot hwarje lifsyttring på det andliga området. — — Det är wåra kyrkliga myndigheter, från kyrkomötena och domkapitlen ned till sockenpresten, hwilka synas hafwa gjort till sin uppgift att med alla till buds stående medel träda upp emot wår tids berättigade kraf.“ Att lároståndet troget häller sig till den af fädren ärfda, på Guds ord orubbligt hwilande tron i motsats till alla obehöriga förändringar, det är detta stånds pligt, och skall ländа alla sanningens förswarare till ewärdelig ära och hela det evangeliska folket till uppbyggelse och stadfästelse i sanningen. Om också willfarelsen, som allt mer och mer tyckes blifwa antikyrklig och med det samma antikristlig, uppträder fräckt förtrampande de wigtigaste tros sanningar, och många med otroligt lättsinne följa med strömmen så wågar jag dock hoppas, att det swenska folket under Guds nådiga ledning fortfarande skall wara ett lysande föredöme för alla kristna folk, att akta på hwad wår ewiga frid tillhörer. Gud skydde kraftigt sin kyrka i Nordlanden!

Då herr P. Waldenström ännu erkänner den heliga skrift såsom den högsta auktoritet i trossaker, har jag sökt wederlägga honom med skriftens egna ord. Men då jag funnit, att de flesta stridsskrifter emot honom antingen alldeles icke eller endast obetydligt anföra Luthers ord, har jag här infört åtskilligt ur denne mans andeliga rustkammare. Denne wår dyre reformators troskraftiga wittnesbörd hafwa warit åtminstone för mig till mycken uppmuntran och stadfästelse i den evangeliska sanningen; jag hoppas, att detta är fallet åfwen med mången annan. Jag har här anfört widlyftigare yttranden af Luther äfwen för att åskådliggöra hans äkta bibliska och rent evangeliska åsigter, ty jag befarar, att om sådana åsigter i wåra dagar hyllas och uttalas, betraktas detta tillochmed af mången kyrklig med misstro såsom en alltför långt gången — **evangelism**. Grunddragen i det gudomliga ordet, hwartill d:r Luther nära ansluter sig, äro städse desamma. Guds Ande i nådemedlen och i de troendes församling rättar sig icke efter wexlande menskliga moder och de rationaliserande teologernas drömmande spekulationer. För att kunna uppfatta den gudomliga sanningen och det kristliga lifwet, behöfwes den helige Andes upplysning, annars dömmer man såsom den blinde om färgen och afgifwer oblida omdömen om sanningens trogna bekännare, ja, om lefwande Guds församling; ty den naturliga menniskan förnimmer intet af det Gudi tillhörer, ty det är honom en galenskap, och kan icke begripat; ty det måste andeligen dömas. 1 Kor. 2: 14. Måtte derföre hwar och en med innerlig bön till Gud gifwa akt på den rena evangeliska sanningen, som ensam i sig innesluter allt lif och all salighet och tage sig tillwara att ej bli besmittad af tidens allt mera antikristiska och i grunden oevangeliska riktning, som bär i sitt sköte ewig död och fördömelse! Paulus försäkrar: Jag skämmes icke wid Kristi evangelium, ty det är en Guds kraft allom dem till salighet som tro. Rom. 1: 16. Och åter: Om ock wi, eller en engel af himmelen annorlunda predikar evangelium för eder, än wi eder predikat hafwe, han ware förbannad. Gal. 1: 8. Och Frälsaren sjelf warnar: **Wakter eder för de falska profeter, som komma till eder i fårakläder, men inwärtes äro de glupande ulfwar.** Math. 7: 15.

Då mången i wåra dagar ringa aktar den rena läran och anser andeliga strider såsom onödiga och opassande, emedan de anse kärleksfull fördragsamhet emot olika tänkande för wigtigare än ifrandet för ren lära, beder jag att få hänwisa till Luthers predikan **om de kristnas harnesk**, öfwer episteln på 21 sönd. eft. trinitatis i epistel postillan N:o 56, och isynnerhet följande paragrafer: 35, 36, 43, 44, 45, 46, 47, 48 och 49, af hwilka wi här anföra endast den sistnämnda: „Om du skulle kämpa för hus och hem, hustru och barn och sist för ditt eget lif och lefwerne, då skulle du ju icke wara lat, utan söka din fiende, och icke lemna honom någon frid, ej heller af honom antaga, eller gifwa honom något efter. Nu har du här andra fiender, som ärna dig något annat, och hafwa sammanswurit sig att sänka dig i den ewiga döden; wändande icke åter, innan de öfwermanna dig; och angripa dig likwäl med sådan list som redan sagdt är, lika som wille de med dig uppräta kärlek och wänskap etc. Si, detta är orsaken, hwarföre S:t Paulus så högeliga förmanar oß, att wi skole wara starke i Herranom, och i hans mägtiga starkhet, det är, att wi icke skole låta beweka oß, att ifrån ordet wika en hårsmån, utan wärja oß tröstelига emot sådana djefwulens listiga anlopp."

Herr P. Waldenströms ifrige medarbetare f. d.

komminister E. J. Ekman fägnar sig i tidskriften **Wittnet** deröfwer, att teologerna i Finland äro gynnsammare stämde för förkastandet af den lutherska kyrkans läroprinciper än i Swerige; dock har till och med en teologie professor wid wårt finska universitet numera uppträdt emot waldenströmianismen. Det är fägnande, att herr professorn d:r **Herman Råbergh** i **Tidskrift för teologi och kyrka** under förra hälften af år 1879 med bestämdhet ogillat herrar O. F. Myhrbergs och P. Waldenströms nya försoningslära. Då prof. Råbergh m. fl. tydligt framställt den waldenströmska lärans utweckling, får jag för undwikande af widlyftighet här utelemna den redan färdig skrifna afdelningen härom, hwilken möjligtwis framdeles skall utkomma såsom ett skildt bihang, hwilket äfwen skulle innehålla en framställning af den waldenströmska lärans öfwerensstämmelse med **socinianism, rationalism** och **modern subjektivism.** I detta bihang skulle jag äfwen lemna uppgift öfwer åtskilliga emot waldenströmjanismen riktade skrifter t. ex. af deras högwördigheter biskoparne L. **Landgren** i Hernösand och **A. F. Beckman** i Skara, af universitetslärarene d:r **G. Billing** och **G. M. Arsenius**, kongl. hofpredikanterne **G. E. Beskow** och **P. Andr. Berggren**, d:r **P. Fjellstedt** och kyrkoherden **P. Welinder** m. fl. Ur dessa högtwördade mäns skrifter skulle jag sedan äfwen få anföra några belysande utdrag. Det är sannerligen uppmuntrande att så många högtwördade män uppträdt till sanningens förswar. Det skall wara ett stort nöje för mig att få sammanföra några wittnesbörd af dem, på det hwar och en må finna, huru sanningen äfwen i wåra dagar har förswarare.

Hwad den bristande formen och öfriga brister i denna min afhandling widkommer, beder jag om gunstigt öfwerseende, ty det har warit med fara för att förlora det sista af min syn, som jag företagit denna granskning. Ware äfwen denna skrift ett strå till stacken. Herren låte oß alla behjerta, att wi äre dyrt återlösta!

O, nåd! o, frid! o, salighet!
O, ewiga rättfärdighet!
Som Du mig skänkt, o Jesu Krist!
Och Andans pant beseglat wißt.

Fritt slockne denna werldens ljus;
Jag har en sol i Fadrens hus
Som lyser mig i ewighet,
Med outsäglig herrlighet.

Dithån, dithån! Till lifsens land
Från dödlighetens kulna strand
Wi längta bort till Jesum kär,
Som allt wårt lif, wår sällhet är.

I.

Försök till skriftenlig wederläggning af den Waldenströmska lärouppfattningen.

A) Om försoningen.

O Fader wår, barmhertig och god! Som oß wille till dig kalla, Och skänka oß med Kristi blod, Som borttager synder alla: Låt komma till oß ditt helga ord, Din wilje kan det förklara, Som skapat hafwer himmel och jord, Det må wår ledare wara, Att wi icke wilse fara.

Men alle rope wi nu till dig, Oß är ej annat till råde; Ty ingen tager din' ord till sig, Utan han får dina nåde, O helge Fader! tänk derpå, Att djefwulen gör oß wånda, Och will oß taga din' ord ifrå, Och komma oß sig tillhanda, Thy sänd oß din Helga Anda.

O Gud och menniska, Jesu Christ! Som synden på dig lade, Du wet wäl sjelf wår stora brist, Efter du ock mandom hade, O Jesu Christ, wår broder kär! Wärdes ditt löfte hålla: Hugswalaren låt komma här, Som oß lärer sanning alla, Att wi icke ifrån dig falla.

O du Helge Ande, kom, Slit sönder djefwulens snara! Låt Guds ord få i wårt hjerta rum, Att det måtte när oß wara. Så warde wi alle rene gjord', Och prise wår Gud med gamman, Af Jesu Christi helga ord, Den wi tacke allesamman, Nu sjungande dertill: Amen.

(G:la swenska Psalmboken N:o 188).

Med denna bönesuck gå wi nu att i största korthet med Guds nådiga bistånd granska herr Lektor P. Waldenströms försoningslära. Måtte härwid den gudomliga sanningen blifwa uppdagad och willfarelsen wederlagd. Hjelp oß milde Herre Gud!

Då man skärskådar P. W—s lära, finner man, att det är ett hufwudfel hos honom, att han förnekar ganska wigtiga läror, som äro grundade i det gudomliga ordet och beröra Guds wäsende och wilja, det menskliga förderfwet samt salighetens förwärfwande och tillämpande. Wi skola derföre nu söka en motwigt emot P. W:s willfarelse både i den gudomliga Lagens och Evangelii samt de heliga Sakramentens innehåll och syfte. Wi befinna oß således här i det allra heligaste, som ej tål någon afprutning, någon mensklig förwetenhet eller något wanhelgande. Wi må ihågkomma, att lagens taflor förwarades i förbundets ark, i det allra heligaste, och deröfwer hwilade nådestolen. Hit inträdde öfwerstepresten på den stora försoningsdagen för att med blod hembära åt Gud försoning för sina och hela folkets synder, hwarmed tydligen förebildades den engång för alla skeende försoningen i Kristi offerdöd på korset i wårt och alla menniskors ställe. Det war ej godt att wanhelga den af Gud sjelf bestämda offerkulten. Huru gick det med Arons söner Nadab och Abidu, hwilka buro fremmande eld framför Herran, hwarom står skrifwet i 3 Mos. 10: 1—7: Då kom en eld ut ifrån Herranom, och förtärde dem, så att de blefwo döde för Herranom. Och Aron och hans söner Eleazar och Ithamar fingo icke blotta sina hufwud, ej heller rifwa sina kläder såsom tecken till sorg, utan deras bröder af hela Israels hus skulle gråta öfwer denna branden, som Herren gjort hade. Hwad betecknar detta? Det är ytterst farligt att frambära fremmande eld inför Herren, det han ej bjudit hafwer. Härmed förstås, att man kommer fram med sådana läror, som hafwa sitt upphof från det menskliga förnuftet och det förderfwade menskliga hjertat och icke härröra från den Helige Andes glöd. Herrens ljungeld skall krossa hwar och en lärare, som djerfwes förebära sina egna funder såsom gudomlig sanning. De skola dö för Herranom. Och icke ens deras närmaste fränder och wänner få beklaga sig öfwer en sådan Guds straffdom. Hela Guds församling måste begråta den branden. Alla Guds barn sörja, då fremmande eld blifwer framburen. Ännu ett annat exempel. Huru gick det med Abinadabs son Usa, hwarom det berättas i 2 Sam. 6: 6, 7: Då man med Guds ark kom till Nahons lada, tog Usa till och höll Guds ark. Då förgrymmade sig Herrens wrede öfwer Usa, och slog honom der för hans öfwerdådighets skull, så att han blef der död wid Guds ark. Här ha wi en annan förebild, huru farligt det är att öfwerdådigt umgås med Guds ark och hwad den innehåller. Det är wådligt att wanhelgande röra wid Guds lag och förwränga hans heliga evangelium. Om wi eller en engel af himmelen predika eder ett annat evangelium, än wi eder förkunnat hafwa, han ware förbannad, wittnar Paulus. Herren wår Gud är en allsmäktig, helig och rättfärdig Konung och domare. Han fordrar af oß menniskor owilkorlig lydnad. Han älskar och belönar det goda, men hatar och straffar det onda. Att Herren är så sinnad, det finna wi af hans förhållande till wåra första föräldrar redan före fallet. Han gaf dem sin wilja tillkänna samt hotade dem med straff, om de öfwerträdde densamma. 1 Mos. 2: 16, 17. Menniskan föll i synd och blef underkastad döden, men Gud förblef helig och rättfärdig och är det i all ewighet. Dessa sina egenskaper har han manifesterat genom utgifwandet af sin lag åt Israels barn. Jag är Herren din Gud, säger han, och han fordrar derföre obrottslig lydnad. Han försäkrar sjelf: Jag Herren din Gud är en stark hämnare. 2 Mos. 20: 5. Detta bewittnas äfwen af profeterna. Så säger Herren: Förbannad ware den, som icke lyder detta förbunds ord. Jer. 11: 3. Se äfwen Daniels bekännelse. Dan. 9: 4 ff. Wår gudomlige Frälsare stadfäster sjelf lagens helgd: I skolen icke mena, att jag är kommen till att upplössa lagen eller Profeterna: Jag är icke kommen till att upplössa, utan till att fullborda. Ty jag säger eder för sannt, till deß att himmel och jord förgås, warder ej förgången den minste bokstafwen, icke heller en prick af lagen, förr än det är allt skedt. Derföre, hwilken som upplössar ett af dessa minsta buden, och lärer så menniskorna, han skall kallas den minste i himmelriket; men hwilken som det gör och lärer, han skall kallas stor i himmelriket. Math. 5: 17—19. Och Kristi Apostlar instämma med Moses och profeterna: Förbannad ware hwar och en, som icke blifwer wid allt det, som skrifwet är i lagboken, så att han det gör. Gal. 3: 10. Rom. 1: 18, 2: 9. Då Gud i sin lag förkunnat sin heliga wilja, samt förklarat, att alla de, som icke fullkomligt fullborda densamma, beläggas med förbannelse samt ådraga sig ewig förtappelse, så ljuger han wäl icke. Han menar wäl allwarligt i sina domar. Han är ju sanfärdig och hwad han hotar, det håller han wisserligen. Detta bewittnas enstämmigt af hela den heliga skrift. Wi wåga ej göra Guds lag till lögn. Och dock sprides nu en sådan lära, som försöker göra Gud till ljugare och förringa hans heliga rättfärdighet. Och häri består just i första hand den willfarelse, wi nu bekämpa. Här förefinnes ett uppenbart lagskänderi, ett uppenbart förnekande af Guds heliga lags straffbestämningar. Wäl är P. W. för klok för att helt och hållet förneka Guds lag och deß kraf. Han talar äfwen om deß stränga fordringar, men hwar och en, som är bekant med hans skrifter, bör wäl finna, huru han i denna punkt lärer. Då Gud fordrar, att hwarje synd skall bestraffas och all rättfärdighet fullkomligen uppfyllas, då predikar P. W. i rak strid deremot. Han will framställa Gud i den dager, att han icke är så nogräknad med hwad som blifwit förbrutet. Gud förlåter, försäkrar han, och det utan nödwändigheten af något straff, blott menniskan helst litet gifwer med sig. Just derföre förnekar han, att Kristus behöft lida syndastraffet. Äfwen deßförutan förlåter Gud. Kan någon neka, att detta är P. W—s lära? Han will framställa, att Gud är så god att han ej will kräfwa straff för synden. Här är hans opposition emot Guds heliga lag. Han djerfwes förneka Guds stränga wedergällande rättfärdighet, att han gifwer hwar och en efter deß gerningar, utan anseende till personen. Då Gud säger: förbannad ware hwar och en som ej fullbordar lagen, då wågar P. W. lära, att det icke är sant. Nej, Gud är god och barmhertig, säger han. Gud är ej en sträng tyrann. Han är mild och tillräknar ej synderna. Hwem märker ej här, att det är en himmelswid skillnad emellan skriftens och P. W:s lära. Gud är wäl god och barmhertig, men hans ord är ljuft allenast dem frommom, och blott i det fall, att all hans lag till punkt och pricka blifwit fullbordad. Han tål ej, att det minsta bud får upplossas. Derföre heter det: utan blodsutgjutelse sker ingen förlåtelse. Men P. W. förnekar, att Gud för det utgjutna blodets skull förlåter. Han lärer, att Gud förlåter utan att erfordra någon upprättelse. Häri ligger skillnaden emellan skriftens Gud och P. W:s Gud. Otaliga citater ur P. W:s skrifter kunde anföras såsom prof på denna antinomistiska lära. Guds heliga lag, hwari han uppenbarar sin wilja och sina domar, är således den ljungeld, som i grund krossar hela P. W:s lärosystem, så att det ligger ohjelpligt förloradt. Detta är icke något tomt skryt, saken är uppenbar för alla. Ingen torde kunna förneka detta. We den, som är så förmäten, att den wågar neddraga Guds wäsende till orättfärdighet och hans gudomliga lag till lögn. En sådan förfärlig dårskap blifwer allom uppenbar. Må ingen följa en sådan lära, som är grundad på en uppenbar förfalskning af Guds rättfärdiga wäsende och hans heliga lag. Ondt snack förderfwar goda seder. Låter derföre ingen bedraga eder med falsk, förförisk lära, som gifwer en annan bild af Gud än den heliga skrift. Och allt folk skall säga: Amen. Lektor Waldenström må se till, hwad som står skrifwet i Guds heliga lag och låta bli att utplåna ens en bokstaf eller prick af denna, med förbiseende af Kristi förtjenst.

P. W. söker stundom wisa, att åfwer d:r Luther förklarar Guds rättfärdighet endast såsom Hans nåd och godhet. Men att ej heller Luther för någon del will förbise Guds helighet och lagens fordringar, utan lärer att Kristi förtjenst erfordras för att af oß med tron annammas, det wisar han på otaliga ställen. Wi wilja här blott anföra följande ur hans predikan öfwer Nyårsdagens epistel, för att tydligt wisa, huru Luthers lära i grunden är motsatt den Waldenströmska:

Från Epistel-postillan, ur predikan på Nyårsdagen §§ 63—78.

„Aposteln sätter ock märkeligen härtill: Genom wår Frälsare Jesus Kristus; på det han måtte hålla oß qwar under Kristus, såsom kycklingar under hönan. Ty så säger han sjelf i Matth. 23: 37. **O Jerusalem = = huru ofta hafwer jag welat församla dina barn, likasom hönan församlar sina kycklingar under sina wingar; och I hafwen icke welat.** Här wisas den rätta lefwande trosart, hwilken är så beskaffad att det är icke nog till saligheten, att du tror på Gud, såsom Judarna och månge andre göra, hwilkom han ock deremot gör mycket godt, och gifwer dem stora gåfwor i timelig måtto; utan **du måste ock tro på Gud genom Jesus Kristus. Först** måste du icke twifla derpå, att han ju är din nådige Gud och Fader, den der förlåtit dig alla dina synder, och gjort dig salig i Dopet. Dock bör du, för det **andra**, weta derjemte, att sådant icke sker för intet, eller utan hans rättfärdighets fullgörande. Ty barmhertigheten och nåden hafwer intet rum att werka öfwer oß och i oß, eller hjelpa oß, uti de ewiga nådegåfworna och saligheten, med mindre rättfärdigheten blifwit förut det allrafullkomligaste fullgjordt; såsom Kristus säger i Matth. 5: 18. **Icke den minsta bokstafwen, icke heller en prick af lagen, warder förgången, förrän det allt skedt är.**

64. Ty hwad man säger om Guds nåd och godhet, det måste allenast förstås om dem, som uppfylla hans bud på det allranogaste; såsom han säger i Mich. 2: 7, när Judarna inbillade sig, att de stodo mycket wäl hos Gud, och alltid sade: **Frid, frid.** Så ock: **Skulle Gud wara så wred? Menar** du, **att Herrans Ande är så all borta** etc. Då swarar han: **det är sant, mitt tal är ljufligt dem frommom.** Derföre kan ingen komma till Guds rika nåd, der han icke till minsta prick fullgjort Guds bud.

65. Således är nu nog sagdt derom, att wåra gerningar äro intet för Gudi, och att wi ej kunne i någon gerning uppfylla det minsta budet. Huru mycket mindre kunne wi så tillfyllest göra hans rätt-

färdighet, att wi måtte warda wärdige hans nåd? Om wi ock än wore förmögne att hålla all hans bud och i allt fullgöra hans rättfärdighet; så wore wi ändå derigenom icke wärde hans nåd och salighet. Han wore ej heller skyldig att gifwa oß henne, utan kunde fordra utaf oß allt sådant, såsom en skyldig tjenst af sitt kreatur, som är förpliktadt att tjena honom. Men hwad han gifwer derutöfwer, är idel nåd och barmhertighet.

66. Detta hafwer Kristus klarligen lärt i Luc. 7: 7, följ. der han så säger i en liknelse: **Hwilken af eder hafwer en tjenare, som går wid plogen, eller waktar boskap, då han kommer hem af marken, att han säger till honom: Gack strax, och sitt till bords; Utan säger han icke heldre till honom: Red till nattwarden och uppskjörta dig, och tjena mig, medan jag äter och dricker; och sedan ät der och drick. Mån han tacka den samma tjenaren, att han gjorde, som honom budit war? Nej menar jag. Sammalunda ock I, när I hafwen gjort allt det som eder budit är, så säger: wi äre onyttige tjenare; wi hafwe gjort det wi woro pligtige att göra.**

67. Få de nu himmelen af nåd, och icke af plikt, som göra allt, hwad de äro pliktige att göra, och warder himmelen gifwen sådana menniskor (om de någorstädes funnos) icke af förtjenst, utan efter Guds nådiga löfte; såsom han lofwar i Matth. 19: 17. **Will du ingå till lifwet, så håll budorden:** hwad wilje wi då inbilla oß med wåra usla goda gerningar, och prisa dem så högt, lika som wore de af sin natur, och icke af Guds blotta löfte och nådiga tillsägelse, wärde himmelriket?

68. Derföre hafwer Gud först gifwit oß en Man, som för oß alla helt och hållet uppfyllde Guds rättfärdighet. För det **andra,** jemwäl genom samma Man utgjutit sådan nåd och rikedom, på det, oansedt wi undfå en sådan nåd för intet och utan för-

tjenst, ja, twärt emot wår förtjenst och alldeles owärdigt, så är hon dock icke oß gifwen för intet, och utan wärdig förtjenst; utan såsom S:t Paulus lärer i Rom. 5: 18. **Såsom för ens synd skull är fördömmelse kommen öfwer alla menniskor; så kommer ock genom ens rättfärdighet lifsens rättfärdning öfwer alla menniskor.**

69. Derföre är den hel. Apostelen så flitig på alla ställen, der han predikar nåden och trona, att sätta dertill: **genom Jesus Kristus**, på det ingen må dumdristigt falla till, och säga: ja, jag tror på Gud och låter dermed bero. Nej, o menniska, du måste så tro, att du wet, huru och genom hwilken du måste tro; att Gud will af dig hafwa alla sina bud uppfyllde, och sin rättfärdighet tillfyllest gjord, innan han upptager din tro till salighet; och om du än kunde göra tillfyllest, att du ändå bör wänta saligheten af nåd, och icke af plikt, så att din stolthet och förmåtenhet må ligga för Guds ögon nedslagen till jorden.

70. Si, dertill är nu Kristus nyttig, genom hwilken en sådan nåd och salighet warder dig gifwen, såsom genom den, hwilken **i ditt ställe och för dig** hafwer öfwerflödeliga fullgjort Guds bud och hans rättfärdighet, hwarjemte han ock är wärd, att saligheten och nåden må genom honom warda dig gifwen. Detta heter då en rätt kristelig tro.

71. Ty ingen tro är nog, utan **en kristelig tro**, som tror på Kristus, och allenast genom Kristus, och eljest icke undfår dessa tu stycken, nemligeu Guds rättfärdighets tillfyllestgörelse, och nåden eller det ewiga lifwets gåfwa. Så säger S:t Paulus, i Rom. 4: 25. **Kristus är för wåra synder skull utgifwen, och för wår rättfärdighets skull uppwäckt.** Icke allenast att bortlägga synden, och uppfylla Guds bud, utan ock, att wi genom honom måtte wara wärdige, att wara rättfärdige och nådebarn.

72. Så ock i Rom. 3: 25. **Gud hafwer åt oß satt Kristus för en Nåda-stol genom trona i hans blod.** Icke allenast blotta tron, utan ock i **hans blod**, hwarmed han, å wåra wägnar, gjort tillfyllest, och således är worden en Nåda-stol, att wi måtte undfå dessa båda stycken, nemliga, Aflösning och nåd, utan wår omkostnad och möda, men icke utan Kristi omkostnad och möda.

73. Derföre måste wi smyga oß under denna hönans wingar, och icke flyga ut i egen tros förmätenhet: eljest åter gladan snart upp oß. Wår salighet måste icke bestå, genom wår egen rättfärdighet, utan, såsom jag ofta sagt, i **sjelfwa Kristi egen rättfärdighet**, som för oß är utbredd till ett Tabernakel och wingar.

74. Ty wår tro, och allt hwad wi kunne hafwa af Gud, är icke nog! ja, det är icke rättskaffens, om wi icke förfoge oß under denna hönans wingar, och tro stadeligen, att icke wi, utan Kristus för oß kan tillfyllest göra Guds rättfärdighet, och att han gjort det; och att nåd och salighet warder oß gifwen, icke för wår tros skull, utan för Kristi skull. I så måtto bör Guds blotta nåd erkännas i Kristo, och att hon genom Kristus är oß tillsagd, förwärfwad och gifwen.

75. Det menar han, när han säger i Joh. 14: 6. **Ingen kommer till Fadren, utan genom mig.** Och i hela Evangelium gör han intet annat, än afkläder oß wårt, och utikläder oß sig, utbreder sina wingar, och lockar oß under sig. Det will ock St. Paulus wid slutet af denna Epistel, då han säger:

76. **På det wi skole rättfärdige warda genom hans nåd, och arfwingar blifwa till ewinnerligt lif efter hoppet.** Han säger icke, genom wår tro utan genom Kristi nåd och förtjenst; det är, att **Kristus allena** är i nåd hos Gud, **har allena gjort Guds wilja**, och förtjent det

ewiga **lifwet.** Men emedan han har gjort detta, icke för sig, utan **för oß**; så skole alle, som tro på honom, åtnjuta honom så rikeligen, **att de skola genom honom och hans nåd warda ansedde, såsom de der hafwa gjort allt, hwad Kristus har gjort för dem.** Si, hwad för en rik och outsägelig ting den kristeliga tron är, och hwilka stora obegripeliga nådegåfwor hon tillförer alla trogna!

77. Deraf låter oß lära, hwad Evangelium är för en kostelig predikan, hwaruti sådant predikas, och hwad för skada de göra, och huru de förderfwa själar, som förtiga Evangelium, och predika bara lagsens gerningar, ja, sin egen menniskolärdom. Derföre wakta dig för falska predikare, ja, ock för falsk tro. Förlåt dig icke på dig sjelf eller på din tro: kryp till Kristus, håll dig under hans wingar, blif under hans skjul: låt icke din utan **hans rättfärdighet och hans nåd** wara ditt öfwertäckelse, att du icke genom någon af dig förtjent nåd, utan, såsom Paulus här säger, genom hans nåd må wara en arfwinge till ewinnerligt lif.

78. Så säger ock Ps. 91: 4. **Han skall betäcka dig med sina fjädrar; och ditt hopp skall wara under hans wingar.** Och i Höga W. 2: 14 säger han: **Min** brud är en dufwa, som hafwer sitt **bo uti stenklyftor, uti bergsrefwor.** Det är: I Kristi sår warder själen behållen. Si, det är den rätta kristeliga tron, som icke kryper till och liter på sig sjelf, såsom de naturlige Sophister derom drömma, utan kryper till Kristus, och blifwer under honom, och genom honom behållen."

Såsom jag redan någongång förut anmärkt åstadkommer det mycken willerwalla ibland de oerfarna, att P. W. medger mången sanning till en wiß grån, men framställer den ej helt, och sätter den ej i sammanhang med andra sanningar samt drager ej de owilkorliga konseqvenserna deraf. Så talar han åfwen om lagens kraf, utan att dock i sammanhang dermed wisa nödwändigheten af Kristi återlösning, hwilken han twertom i de hufwudsakligaste drag förnekar. Han lemnar en stor klyfta i sitt system, då han uppenbart förnekar Kristi werk i wårt ställe. Han förbiser Kristi öfwersteprestерliga embete och hänför frälsningen hufwudsakligen till Hans profetiska och konungsliga embete. Såsom wi redan nogsamt funnit, går P. W:s system ut på att förneka och tillintetgöra Kristi dyra förtjenst. Han will, att syndaren skall tröstas, utan att Guds rättfärdighets kraf blifwit tillfredställdt. I sin recension af det nya katekes förslaget angifwer P. W. följande läror såsom förkastliga, Wittnet, 1877 pag. 292, 293: **En genom Kristi offerhandling en gång för alla skedd och fullbordad Guds försoning, Kristi lidande såsom en betalning åt Gud och såsom ett lidande af syndens straff i wårt ställe,** samt **Kristi fullgörande af lagen i wårt ställe,** pag. 298: **En förwärfwad försoning och rättfärdighet, En tillräknelse af Kristi rättfärdighet** och pag. 299: **Att Gud för Kristi skull förlåter menniskan alla hennes synder.** Att P. W. fortfarande uppenbart förkastar dessa läror, detta bestyrker Wittnet N:o 1 för år 1879, pag. 26, der „lärorna om Guds försonande, om Kristi lidande såsom ett strafflidande i wårt ställe, om Kristi lydnad såsom en laguppfyllelse i wårt ställe, om Kristi werk såsom en betalning åt Gud, om Kristi rättfärdighets tillräknelse m. m.“ af P. W. stämplas såsom „obibliska“ och af honom förkastade. Hwad behöfwes mera intyg! Hwarken P. W. eller någon annan kan nu mera förneka, att han förkastar wigtiga grundsanningar, som af den kristna kyrkan under alla tider och isynnerhet af wår evangelisk lutherska kyrka blifwit ansedda såsom öfwerensstämmande med det Gudomliga ordet samt såsom sådana bekända och förfäktade. Ehuru dessa läror, hwilka P. W. förkastar, så tydligt äro öfwerensstämmande med Guds ord, att de

ej behöfwa bewis, will jag dock ännu något när-
mare skärskåda det, hwarom nu är fråga. Då i P.
W:s hjerna uppdykat en skef föreställning om Guds
rättfärdighet, härleder sig ur detta frö alla hans nu
uppdagade willfarelser. Då han anser, att Gud ej
är så rättfärdig, att han owilkorligen straffar äfwen
den minsta synd, så har han kommit till det, att
Gud ej behöfwer försonas; då han ej behöfwer för-
sonas, har Kristus ej behöft lida straffet och uppfylla
lagen i wårt ställe. Med ett ord Kristi öfwersteprе-
sterliga embete anses ej af nöden. Jesu frälsnings-
werk består således hufwudsakligen endast deri, att
han förkunnar den nåd, som Gud hyser till menni-
skorna utan försiggången försoning i Kristi död —
Kristus betraktas endast såsom en af Gud befullmäk-
tigad syndaförlåtare, men ej såsom en medlare, för
hwars skull Gud förlåter synderna — Kristus anses
icke såsom wår ställföreträdare inför Gud, utan såsom
Guds ställföreträdare inför oß. Och sålunda för-
dunklas hela Kristi evangelium. Detta skola wi i
det följande söka ådagalägga. Kristus förkastas så-
som salighetens grund både hwad deß förwärfwande
och tillämpande beträffar. Först få wi gifwa akt på
Kristus såsom förwärfware af saligheten, sedan skola
wi äfwen något orda om tillämpningen af den ge-
nom Kristum förwärfwade saligheten. Och får jag
här för korthetens skull hänwisa till professor **Philip-
pis Kirchliche Dogmatik** samt biskop **Björlings**
och andra renläriga lutherska dogmaticis framställnin-
gar af Kristi öfwersteprеsterliga embete. Widare be-
der jag läsaren noggrant genomgå några predikningar
af framl. hofpredikanten And. Rohrborg, som på ett
synnerligen redigt och öfwertygande sätt behandlar
detta ämne. Se **Den fallna menniskans salighets-
ordning**, predikningarne på Nyårsdagen, nästa sön-
dagen efter Jul, Långfredagen, annan dag Pingst,
Påskdagen och Fastlagssöndagen m. m. I förenämnda
afhandlingar och predikningar är wår försoningslära,

enligt hwad jag funnit, klart och bibelenligt framställd. Härjemte beder jag att få hänwisa till de många goda skrifter, hwilka blifwit författade i motsats till Waldenströmianismen och angående hwilka jag möjligtwis framdeles får lemna uppgift. Ur dessa skrifter hoppas jag äfwen sedan få lemna några wigtigare utdrag till frågans ytterligare belysning; hwarföre någon större widlyftighet ej nu är af nöden, då frågan redan förut af så många lärda och wördade män blifwit ganska wäl och allsidigt behandlad. Wi ha ock redan ifrån barndomen lärt oß att betrakta kristendomen ifrån en helt annan synpunkt än den P. W. nu utan rim och råson söker införa. Wi ha det af gammalt kända, fast bestående för oß, så att det ej bör wara swårt för någon wän af sanningen att finna det orätta i P. W:s lära utan någon widlyftigare bewisning. Det är bibelns egen lära, jag här korteligen will påpeka med hänsyn fästad i synnerhet wid d:r Luthers uppfattning och utläggning af det gudomliga ordet.

Då P. W. förnekar Guds absoluta straffande rättfärdighet, förnekar han äfwen, att Gud behöft försonas, derföre har enligt hans åskådning Kristi lidande och död icke warit nödwändig för Guds blidkande samt för att förwärfwa oß syndernas förlåtelse; Kristus led blott såsom en rättfärdig man djefwulens och werldens ondska, som bragte honom i döden, hwilken war endast såsom tyske lärde uttrycka sig en „Widerfahrniß", hwilken icke war något nödwändigt i Guds frälsnings råd, om det ock af honom war tillstadt, såsom han låter äfwen andra fromma män lida i denna onda werld. Betydelsen af Kristi död förringas sålunda till ett martyrlidande, hwilket i sig sjelf ej war något försonande, utan blott ett bewis på werldens ondska och Kristi uppoffrande kärlek. Så yttrar P. W. i Pietisten Septemberhäftet 1878 pag. 414: „**De togo honom, kastade honom ut ur wingården och dödade honom.**"

Dessa Kristi ord wisa, huru fjerran från hans lära det är att säga, att det war Gud, som plågade och dödade honom. Lika litet som Gud plågade och dödade profeterna, ändock det war han, som förut bestämt allt, hwad fienderna skulle få göra dem, lika litet war det Gud, som plågade och dödade Kristus, ändock det war han, som bestämt allt det lidande, som fienderna skulle få tillfoga honom. Det hör till den kristna lärans afwikelse från Guds ord, när man lärt, att det war Gud, som plågade och dödade Kristus för att derigenom göra sig betald för menniskoslägtets syndaskuld. Nej, det war Gud, som utgaf Kristus för att frälsa syndare, det war syndarena, som, dertill eggade af djefwulen, dräpo honom." Derföre förkastar P. W. pag. 415 att „den läran att Kristi död war ett straff, som Gud tillfogade Kristus i stället för oß, är evangelii hjerta och medelpunkt, hwarförutan predikan icke kan bära någon sann frukt".

P. W. anförer åtskilliga wigtiga citater ur den heliga skrift, hwilka tydligt bewisa, att Kristi lidande war pålagdt af Gud; men han försöker tyda dessa språk så, att Gud blott tillstadde sådana lidanden utan att i dem erfordra något straff för synden i wårt ställe, hwilket dock är det hufwudsakliga syftet med Sonens utgifwande i döden. Derföre wele wi nu närmare betrakta nödwändigheten af Kristi död i wårt ställe enligt skriftens wittnesbörd. Kristi utgifwande i döden i wårt ställe för att återlösa oß är före werldens begynnelse besluten i Treenighetens råd. Ef. 1: 4. Wi äre återlöste med Kristi dyra blod, såsom med ett menlöst och obesmittadt lams, hwilken wäl föresedd war före werldens begynnelse. Petr. 1: 18—20. Derföre lofwar Gud efter syndafallet, att qwinnans säd skall söndertrampa ormens hufwud. Abraham fick löftet, att i hans säd alla slägter på jorden skulle wälsignas. Offren förebildade det rätta skuldoffret, som skulle gifwas till werldens försoning. Kristus är wårt påskalam, offradt för oß. Han war den store öfwerstepresten, som offrade sig sjelf ena reso för hela werldens synder. Att så skulle ske och Guds rådslut fullbordas, förutsäges tydligt af profeterna. Esaias säger: Han är sargad för wåra mißgerningars skull, och slagen för wåra synders skull: näpsten ligger uppå honom, på det att wi skulle frid hafwa, och genom hans sår äre wi helade. Herren kastade allas wåra synder uppå honom (Waihova hifgia bo et avon kyllanu), Herren låt allas wåra synder drabba honom. Märk allas wåra, dina, mina och all werldens. Wi woro ej närwarande, då Jesus greps, men wår syndaskuld kastades på honom och det war Gud, som gjorde det v. 10. Herren wille slå honom med krankhet, då han sitt lif till skuldoffer (ascham) gifwit hafwer. Se Melins förklaring. Zakarie 13: 7. Math. 26: 31. — Jesus sade sjelf till sina lärjungar, då han närmade sig sitt lidande: Si wi gå upp till Jerusalem, och all ting skola fullbordad warda, som skrifne äro af Profeterna om menniskones Son. Ty han skall öfwerantwardas hedningom, och begabbas och försmådas och bespottas. Och sedan de hafwa hudflängt honom, skola de döda honom; och på tredje dagen skall han uppstå igen. Luc. 18: 31—33. Petrus warnade Jesus, då han förutsade om sitt lidande: skona dig sjelf — men Jesus bestraffade honom skarpt: Gack bort, satan, ty du besinnar ej det Gud tillhörer, Math. 16: 21—23. Gud hade så bestämt. Skall jag ej dricka den kalk, som Fadren mig gifwit hafwer? I Getsemane bad Jesus: Fader är det möjligt, så gånge denna kalk ifrån mig, dock icke, som jag will, utan som Du. Det war ej möjligt, kalken måste drickas — lidandet måste utstås. På korset utropade Jesus efter fullbordadt lidande: det är fullkomnadt! Efter sin uppståndelse sade Jesus sjelf åt de Emaunitiska lärjungarna: O I galne och senhjertade till att tro allt det som Profeterna sagt hafwa: Skulle icke Kristus sådant lida och sedan ingå uti sin härlighet?

(Οὐχὶ ταῦτα ἔδει παθεῖν τὸν χριστὸν). Luc. 24: 25, 26. Kristus måste lida! Och före sin himmelsfärd betygade han: Detta äro de ord som jag sade till eder, då jag ännu war med eder, att allt måste fullbordas, som skrifwet är i Mose lag, och i Profeterna och i Psalmerna om mig. Då öppnade han dem deras sinne, att de förstodo Skrifterna; och sade till dem: Så är det skrifwet, och så måste Kristus lida och på tredje dagen uppstå ifrån de döda. och predikas i hans Namn bättring och syndernas förlåtelse bland all folk, begynnande på Jerusalem; (οὕτως ἔδει παθεῖν τὸν χριστὸν, καὶ ἀναστῆναι ἐκ νεκρῶν τῇ τρίτῃ ἡμέρᾳ). Luc. 24: 44—47. Kristus måste dö och uppstå! Derföre påminner Paulus om sitt evangelium, som han förkunnat hade, att Kristus är död för wåra synder efter skrifterna, att han är begrafwen och har uppstått på tredje dagen efter skrifterna. 1 Kor. 15: 3, med ett ord, att Kristus är för wåra synders skull utgifwen och för wår rättfärdighets skull uppwäckt. Rom. 4: 25. Hwem har utgifwit honom i döden och uppwäckt honom, om ej Fadren? Detta se wi tydligt bekräftadt äfwen i Apostlagerningarna: Honom, efter han af Guds betänkta råd och försyn utgifwen war, hafwen I tagit genom onda mäns händer, korsfäst och dödat. Den hafwer Gud uppwäckt, och lossat dödsens sweda; efter omöjligt war, att han skulle behållas af honom. Men Gud, som genom alla sina Profeters mun föresagt hafwer, att Kristus skulle lida, han hafwer nu så fullbordat det. Ap. G. 2: 23, 24. 3: 18. Här står det tydligt, att Gud genom alla Profeters mun förkunnat Kristi lidande och att han sjelf fullbordat detta (Ὁ δὲ θεὸς ἐπλήρωσεν οὕτω) Hwem kan nu mera neka, att det war Gud, som af gränslös kärlek till menskligheten tillfogade Kristus lidandet i wårt ställe. Sannerligen församlade sig emot din helga Son Jesum, den du smort hafwer, både Herodes och Pontius Pilatus med hedningarna och Israels folk; till att göra hwad din hand och råd tillförene beslutit hade att ske skulle. Ap. G. 4: 27, nb Guds egen hand och hans råd har beslutit, att så ske skulle. Gud ske lof ewinnerligen! Kristi, Guds Sons död och uppståndelse war nödwändig för wår frälsning och återlösning. Derföre hafwer han gifwit sin Son till en försoning. Och Kristus är försoningen för wåra synder, icke allenast för wåra, utan för hela werldens synder. Detta war beslutet af Gud sjelf och Gud har sjelf fullbordat det. Den som wågar förneka detta, den är förfärligt förblindad. Och dock finnes det nu för tiden sådana, som med allt wåld och list wilja tillintetgöra nödwändigheten af Guds försonande i Kristo, sådana som wåga försöket att förwränga alla de klaraste bibelställen, som handla om Kristi lidande, död och uppståndelse i wårt ställe. Det är ganska långt gånget! och dock finnes det ännu tusenden, som med tystnad anamma en sådan lära, som förneka Guds råd och werk i wårt ställe, samt följa den förderfliga willfarelsen, hwarom Petrus säger: Men falske Profeter woro ock ibland folket, som ock ibland eder warda skola falske lärare; hwilka med ibland införa skola förderfliga partier, och förneka Herren, som dem köpt hafwa, och skola föra öfwer sig sjelfwa en hastig fördömelse. Och månge skola efterfölja deras förderf; genom hwilka sanningens wäg blifwer försmädad. 2 Ep. 2: 1, 2. Wakne då hwar och en till besinning, hwart det leder, då man med sitt förblindade förnuft börjar mästra Guds ord; då försöker man att beröfwa kraften af de wigtigaste bibelspråk. Gud beware hwar och en för ett sådant oerhördt lättsinne! Här får jag ytterligare hänwisa till **Christi Person und Werk.** Darstellung der evangelisch-lutherischen Dogmatik vom Mittelpunkte der Christologie aus. Von G. Thomasius, Dritter Theil. Erste Abtheilung. Zweite Auflage. Erlangen 1862. Pagg. 69 ff

Till belysning af denna fråga beder jag att

ännu få anföra d:r Luthers wittnesbörd i hans passionspredikan om **Kristus på Oljoberget** (3:dje predikan) „Det war Herren Christus icke derom allena till görandes, att stunden nu war kommen, på hwilken Judas skulle förråda, Judarne gripa, och hedningarne nagla honom wid korset, och han alltså skulle dö, utan det war förnämligast, att hela werldens synder lågo honom på halsen, så att den död, som han skulle lida, war en syndadöd och en Guds wredes död. Ty efter han hade framträdt i allas wår stad, tagit wåra synder på sig, att utstå Guds förskräckliga wrede öfwer dem, och derföre tillfyllestgöra, så komma här båda delarne tillsamman, att han, tillika med hela werldens synder, äfwen kände all Guds wrede, samt ock derefter sjelfwa döden, hwilken han för sådana synders skull måste lida. Härtill tjenar ock den allwarliga bön, som Christus här gör. Ty så lyda hans ord: **Min fader, är det möjligt, så gånge denna kalken ifrån mig!** Nu är det klart, att sådant icke war möjligt: han måste uppoffra sitt lif för hela werldens synder, och dö på korset. Hwad kan du sluta annat häraf, än att synden är en så stor, gruflig öfwerträdelse, att det war alla kreatur omöjligt en endaste hjelp deremot göra? Men skulle wi derifrån förlösas, så måste Guds ewige Son warda menniska, och på korset derföre lida döden, och således fria oß ifrån synden.

Si, sålunda tjenar dig Oljoberget till tröst, att du kan wara wiß derpå, att Christus har tagit dina synder på sig och derföre betalt; ty hwadan skulle eljest en sådan bäfwan och ångest komma? Ligga nu dina synder på Christo, så war i ditt hjerta tillfreds; de ligga på det rätta stället, der de skola wara. På dig ligga de icke rätt; ty du och alla menniskor, ja, alla kreatur, äro allt för swaga att kunna bära en endaste synd; du måste derunder alldeles försmäkta. Låt dem fördenskull alltid ligga på Christum, och se till hwarthän han dermed kommer! Han bär dem med sig på korset, ja, han dör derföre; men på tredje dagen låter han sig se såsom en Herre öfwer synden, döden och djefwulen; ty de hafwa uppå honom försökt all makt, men ingenting uträttat. Dermed skall du nu trösta dig och tacka Gud för en sådan outsäglig nåd, att han tagit denna swåra börda ifrån dig, hwilken skulle hafwa kastat dig i helwetets afgrund, och lagt henne på sin Son, wår Herre Christum Jesum, hwilken, ehuruwål han är utan synd och en ewig Gud, så bär han dock uppå Oljoberget så swårt och tungt denna börda, att han deröfwer måste swettas öfwerflödigt blod.

Håll dig fast wid denna tröst, och låt icke ditt hjerta af sorg intagas, utan säg: det är nog, att min Herre Christus Jesus har så bedröfwats och ångslats; jag uträttar intet med min bedröfwelse; men han har med sin bedröfwelse och ångslan det uträttat, om jag mig deraf tröstar, derpå lefwer och dör, att jag i honom hädanefter skall wara glad och frimodig, icke frukta mig för synden och döden, utan trösta mig af hans död, och hoppas att få Guds nåd och det ewiga lifwet.

En sådan trones öfning och tröst på Christum är den rätta gudstjensten, som Gudi wäl behagar, och detta är derjemte det endaste medel, hwartill de arma ångsliga menniskorna skola hålla sig, när syndens börda qwäljer och ångslar deras egna hjertan; eljest är det icke möjligt, att man kan finna någon rättskaffens säker tröst emot sådan nöd."

P. W. förnekar, att Kristus enligt Treenighetens råd åtagit sig och burit mensklighetens syndaskuld såsom sin egen, att han lidit syndastraffet i menniskornas ställe och genom sitt ställföreträdande lidande och sin död frälsat dem från syndens skuld och straff, lagens förbannelse, döden och den ewiga fördömelsen. Wi wilje nu framdraga helst ett wittnesbörd. I Waldenströms eget Wittne för 1878 pag. 28 skrifwer han till sin kära broder Theofilus: „Som du wet, har jag i mina skrifter ifrigt bekämpat den läran, att Gud skulle hafwa tillräknat Kristus wår syndaskuld, men deremot framhållit, att när Kristus ingick i menskligheten, träffades han af syndafallets följder. Något snarlikt se wi deri, att den syndlösa skapelsen genom menniskans fall träffades af en förbannelse, under hwilken hon ännu suckar, men som likwål alls icke innebär, att Gud tillräknar den syndlösa skapelsen menniskans syndaskuld, eller att denna skapelse lider straffet i menniskans ställe för att tillfredsställa Guds rättfärdighets kraf på upprättelse."

Lika litet, som den lifllösa skapelsen lidit straffet i menniskans ställe, lika litet har Kristus gjort det, menar P. W. Sådan är P. W:s lära, som i grunden strider emot den bibliska och lutherska läran. Han anför sjelf Luthers uppfattning af tillräknelsen i samma Wittne, pag. 29.

„Huru Luther tänkte sig tillräknelsen, det må följande hans ord öfwer Gal. 3: 13 wisa: När Gud såg, att wi tryckets af lagens förbannelse samt höllos under henne så, att wi aldrig hade kunnat genom egna krafter befrias från henne, sände han sin enfödde son i werlden och kastade på honom alla wåra synder, sägande: Du må wara Petrus förnekaren, Paulus förföljaren, försmädaren och wäldswerkaren, David horkarlen, du må wara den syndaren, som åt äpplet i paradiset, röfwaren på korset, korteligen: du må wara den person, som gjort alla menniskors synder, tänk derför på huru du må betala och tillfyllestgöra för dem. Det skall icke genom några fuffens lyckas bortförklara den saken, att detta är den lutherska tillräknelseläran, den tillräknelselära, som bland oß öfwerallt predikats, der man welat gälla såsom renlärig så ock den tillräknelselära, som ännu hyllas och på hwarjehanda sätt uppkokas af den ortodoxa dogmatikens förkämpar. Men hos oß antyda tecknen (och ett bland dessa tecken är just herr Norrbys artikel) att man börjar skämmas för sådan willfarelse."

Så långt P. W. Luthers lära om tillräknandet af wår syndaskuld å Kristus djerfwes P. W. offentligen stämpla såsom en willfarelse, för hwilken man med skäl i wår tid måste skämmas.

Wi wilja nu anföra några grunder ur den heliga skrift för sannfärdigheten af Kristi ställföreträdande lidande, död och laguppfyllelse. Först få wi i största korthet gifwa akt på offerritualen i den Mosaiska lagen. Offren i det gamla Testamentet förebildade det stora offret, som en gång skulle utgifwas till en försoning för hela werldens synder, det påskalam, som skulle påtaga sig dem alla och för deras skull offras. Wi hafwe ock ett påskalam, wittnar apostelen, offradt för oß. Derföre låter oß hålla påska, det will säga, i tron åtnjuta honom, som burit och borttagit wåra synder och offrat dem i sin lekamen på träd, förwissade derom, att han påtagit sig dem alla och lidit straffet för dem. I 4 Mos. 9: 13 heter det: den som försummar Passah, hans själ skall utrotad warda utur hans folk, derföre att han icke hafwer burit Herranom sina gåfwor i sin tid. Han skall bära sin synd. Till och med fremlingen, som bodde när Judarne, skulle hålla Herranom Passah. Och heter det widare, skall hålla den efter de stadgar och sätt, som passah kräfwer. Det sättet skall wara eder alla ens, så den utländska som den inländska (v. 14). Offren i gamla Testamentet woro ej godtyckliga eller ordnade af menniskor, utan de woro af Gud förordnade det är, af gudomlig nåd och kärlek stiftade till förlåtelse och rening. De offer och lagar måste iakttagas. Gud hade sjelf förordnat firandet af påsken, då ett felfritt lam för hwarje hushåll måste slagtas och förtäras. Den som ej iakttog firandet af denna fest, skulle utrotas ur folket samt sjelf bära sin synd. Såsom wi redan anmärkt, war påskalammet en förebild af Kristi offer. Gud sjelf har fordrat detta offer för synderna. Kristus har offrat sig sjelf till en försoning. Gud har gifwit honom åt oß till ett försoningsoffer och hans blod till wåra synders förlåtelse. Kristus har burit wåra synder såsom sina egna samt lidit och dött i wårt ställe. För hans skull allena förlåter Gud oß alla wåra synder. Wi måste hålla påska i tron på detta ställföreträdande offer. Men nu uppträda sådana, som förklara, att Gud ej behöft försonas, att Kristus ej påtagit sig wår syndaskuld, att han ej på korset lidit och dött i wårt ställe samt fullbordat all rättfärdighet. Det finnes sådana, som påstå, att Gud förlåter synderna utan erfordrande af några offer eller någon tillfyllestgörelse. Hwad är detta annat än att förkasta försoningsoffret? Sådana urakltåta att hålla den påbjudna påsken. De förkasta hela Kristi offer såsom onödigt. Då de ej tro, att Kristus tillegnat sig wåra synder, få de bära dem sjelfwa och swara för dem, hwilket en gång skall kännas dem tungt. De skola utrotas ur Herrans folk. De utesluta sig sjelfwa från Kristi menighet. De kunna ej räknas till Kristi sanna kyrka. Detta är en ganska hård och behjertanswärd dom! Måtte hwar och en besinna detta. Sådana draga öfwer sig sjelfwa en hastig fördömelse. Då äfwen fremlingarne skulle deltaga i påskahögtiden, innebar detta, att Kristus skulle offra sig icke allenast för Judarne utan ock för hedningarne, ja för alla menniskor. Hans offer är universelt. Det gäller för alla. Allas synder har han tagit. I allas ställe har han dött. Alla äro i hans död försonade. Alla, alla böra i tron hålla påska. Och detta allt wåga dock wåra motståndare förneka. Låtom oß ej wara så lättsinniga, att wi urakltåta att fira påska och att wi skulle förkasta det enda ewigt gällande offret för synderna. Nej! låtom oß hålla påska icke i ondskans och arghetens surdeg, utan uti renhetens och sanningens osyrade deg.

Den fromme d:r Rambach yttrar med anledning af offrens betydelse: *)

---

*) Christus i Mose. Stockholm, 1768, pag. 546 f.

„Emedan JEsus Christus besitter alla de egenskaper, som hos offren erfordrades i gamla Testamentet; emedan jämwäl sanningen af alla de skugge-fulla Ceremonier, som wid offren woro öflige, är hos Honom til finnandes; så kunne wi för den ordsaken skull icke eller underlåta, at anse Honom såsom det enda offret för hela werldenes synder, och i Honom allena söka försoningen med GUD, förlåtelsen för wåra synder, och rättigheten til det ewiga lifwet.

Den som föraktar detta offret, han har widare intet annat offer at tilgå, utan honom förestår en förskräckelig domsens förbidelse, och eldsens nit, som motståndarena förtära skal, såsom Paulus talar. Ebr. 10: 26. Wi böre då såleds låta wåra sinnes-ögon wara beständigt stälda på detta JEsu Christi offer: och när GUD bewisar oß den barmhertigheten, at Han öpnar oß ögonen, til at litet se in uti wårt fördömeliga tilstånd, och Han i wårt samwete afkunnar döds-domen och med fruktan och förskräckelse gör densamma bekant; så böre wi då ingen annorstädes wända wåra ögon, än uppå detta Guds Lam, som blifwit slagtadt för werldenes synder. Detsamma böre wi framställa för den himmelska Fadren, wisa Honom på detsamma, och bedja Honom, at Han förloßar oß ifrån skulden och straffet, hälst Han har werkstält och utfördt döds-domen på wår Medlare, och at Han frikänner oß derföre, på det wi såsom sådane, de der äro i Cristo JEsu, hwilkas tro stödjer och hwilar sig på det enda offret, och som i detsamma söka sin rättfärdighet, nu mera ej måtte behöfwa frukta för döds-domen, utan, så wida wi hädanefter icke wandra efter köttet wara frie ifrån all fördömelse och all rädsla för döden."

Wi wilje nu litet närmare gifwa akt på offren säsom ställföreträdande. Till syndoffer (chathat) skulle ett felfritt offerdjur framställas i förgården till stiftshyddan eller templet. Så har Kristus framställt sig såsom ett mehnlöst och obefläckadt lam, 1 Petr. 1:

19 samt har offrat sig sjelf obesmittad Gudi. Ebr. 9: 14. Syndoffret skulle ställas fram för Herranom inför dörren af wittnesbördets tabernakel och sålunda framställas i syndarnes ställe, hwilket betecknades genom händers påläggning på deß hufwud genom tillräkning, hwaraf det såsom belastadt med den offrandes synder blef ansedt orent så att åfwen de, som umgingo dermed, blefwo orena. Se 3 Mos. 1: 4; 4: 14, 15, 24, 29, 33. Den offrande, försoning behöfwande personen hade genom handpåläggningen intet annat att öfwerlemna än sina synder, från hwilka han wille blifwa fri genom offret. Att handpåläggningen wid försoningsoffren betydde tillräknandet af synd finner man tydligt 3 Mos. 16: 21 f. Widare heter det att syndoffrets stut skulle brännas utom lägret och den, som brände upp den, skulle twå sina kläder, v. 27 f. För den genom handpåläggningen skeende tillräknelsen talar åfwen den omständighet, att resten af syndoffrets kött brändes upp utom lägret, 3 Mos. 4: 11 f. 21; 16: 27; ty utanför lägret war stället för orenligheter, dit allenast det, som war orent, skaffades. Öfwerstepresten skulle, sedan han fullbragt syndoffret på den stora försoningsdagen, bada sitt kött med watten. 3 Mos. 16: 24. Så skulle en rödlätt ko utan wank dödas och förbrännas utom lägret och den fungerande presten samt den, som anställde förbränningen, skulle twå sina kläder och sin kropp med watten och wara orena till aftonen. 4 Mos. 19. Detta allt antydde derpå, att den offrandes synder tillräknades offret, som derigenom blef orent. Så ha wåra synder blifwit tillräknade Kristus såsom hans egna och han har lidit straffet för dem. I Psaltaren finna wi på flere ställen, huru Kristus bekänner, att han har synder och lider för dem. I Ps. 22 klagar han öfwer sitt bittra lidande samt säger, att Gud hafwer lagt honom i dödens stoft, v. 16. Ps. 31: 11, Mitt lefwande, säger han, är förtärdt wordet af bedröfwelse och mina

är af suckande; min kraft, är genom min mißgerning förfallen och mina ben äro försmäktade. Ps. 40: 13, Ty mig är ondt uppå kommet, der intet tal på är. Mina synder hafwa tagit mig fatt, så att jag icke se kan; de äro flere än hären på mitt hufwud och mitt hjerta hafwer öfwergifwit mig. Kristus beklagar sig här öfwer wåra synder, som han tagit på sig. Att denna psalm är messianskt bewisa verserna 8 och 9. Ps. 41, 5, Jag sade: Herre war mig nådelig; hela min själ, ty jag hafwer syndat emot Dig. Det är Kristus, som belastad med wåra synder, bekänner detta. Att här talas om Kristi lidande bewisar v. 10: min wän, den jag mig betrodde, den min bröd åt, trampade mig under fötterna. Ps. 69: 5, 6, Jag måste betala, det jag intet röfwat hade; Gud, Du wet min galenskap och mina skulder äro dig intet förskylda. Att Kristus sjelf talar dessa ord bewisa verserna 10 och 22. Ditt hus nitälskan uppfräter mig och deras försmädelser, som dig häda, falla uppå mig, och de gåfwo mig galla äta och ättika dricka i min stora törst. Allt detta bewisar tydligt, huru enligt skriftens lära wåra synder blifwit Kristo tillräknade såsom hans egna och att han har lidit straffet i wårt ställe. Dylika språk ur Psalmerna anföras ofta af d:r Luther och de äro ganska öfwerbewisande och hjertstyrkande. Detta bestyrkes äfwen med synnerlig klarhet i Es. 53. Kristus war ogerningsmän lik räknad och bar mångas synder. Herren kastade allas wåra synder uppå honom. Han gaf sitt lif till skuldoffer. Han war det Guds lam, som borttager werldens synder. Joh. 1: 29. Han wardt en förbannelse för oß, Gal. 3: 13. Han uppenbarades i syndelig kötts liknelse, på det att synden, erhållande sin fördömelsedom på hans kropp, måtte försonas. Rom. 8: 3. Ja, Gud har gjort honom, som af ingen synd wißte, till synd för oß. 2 Kor. 5: 21. Liksom Kristus här betecknas såsom synd (hamartia), så hette också synd- och skuldoffret i gamla Testamentet Chathat och Ascham, det är synd och skuld, emedan offerdjuret genom påläggandet af synd och skuld blef liksom sjelfwa synden och skulden. Då Kristus bar alla wåra synder, blef han såsom idel synd, ehuru han icke sjelf gjort någon synd. Se Thomasii: Christi Person und Werk, förenämnda delen p. 106 och 107, hwarest Luthers och Melanktons yttranden anföras. På handpåläggningen följde offerdjurets slagtande, hwilket äfwen war ställföreträdande. Se widare härom d:r Philippi's Kirchl. Dogmatik IV, p. 248—252.

Då P. W. förnekar, att Kristus lidit och dött i wårt ställe, wilja wi ännu gifwa närmare akt på några bibelspråk, hwilka bewisa, att han dött i wårt och alla menniskors ställe. I 3 Mos. 17: 11 heter det: Kroppens lif är uti blodet, och jag hafwer gifwit det till altaret, att edra själar skola dermed försonade warda; förty blodet är försoningen för lifwet. Häraf är klart, att lösepenningen tages i stället för lifwet. Syndaren skulle hafwa bordt dö; men han fick gifwa lösepenning i stället. Gud har sjelf gifwit åt oß denna lösepenning i sin Sons blod. Sonen har gifwit sitt lif i wårt ställe, på det wåra själar derigenom må warda försonade. I 2 Kor. 5: 14, heter det: Om en är död för alla, så äro de alle döde. Och han är fördenskull död för alla, att de som lefwa, skola icke nu lefwa sig sjelfwom, utan honom, som för dem död och uppstånden är. Detta är ett ganska tydligt wittnesbörd derom, att Kristus dött i allas ställe, efter det heter, att genom ens död alla äro döde. Således dog den ene i alla de andras ställe. Det bör ingen kunna neka.*) Då Kri-

*) Gnomon Bengelii *ὑπὲρ πάντων*, pro omnibus pro mortuis et viventibus. — *ἄρα οἱ παντες*, igitur hi omnes). Hinc summa vis *τοῦ ὑπὲρ*, *pro*, et summa magnitudo mysterii patet. Non modo tantundem est, ac si omnes essent mortui, sed omnes mortui sunt. Apta universalitas! Mors facta in morte Christi.

stus dog hafwa wi alla dött. Derföre säger äfwen äfwen Paulus, att han är korsfäst med Kristus. Det är då Kristus war fastnaglad wid korset, skedde detta för Paulus och oß alla, i wårt ställe. Derföre war Paulus äfwen förwissad om Guds nåd, ty annars hade Kristus fåfängt dött. Men P. W. söker på ett widunderligt sätt förwränga dessa ord, att en är död för alla samt hänför dem endast till de kristnas lefwerne här på jorden samt deras afdöende från den syndiga lustan. Men orden äro tydliga en för alla Dock P. W. har funnit på den qvinten att här begagnas ordet ὑπὲρ, hwilket han påstår betyda till förmån för, men ej i stället för. Alldeles samma inkast är gjordt af Socinianerna. Emedlertid betyder ὑπὲρ i det grekiska språket äfwen i stället för; så att deras inkast förfaller. Wi skola se i några grekiska ordböcker: **Griechisch-Deutsches Handwörterbuch. Herausgegeben von M. J. A. E. Schmidt.** Leipzig 1847. ὑπὲρ mit gen. über, betreffend, um — willen; statt, anstatt, ὑπὲρ ἑαυτοῦ, an seiner statt. Här ha wi det! **J. G. Schneiders Handwörterbuch der Griechischen Sprache.** Leipzig 1828. ὑπέρ mit dem Genitiv. 5) für, d. i. statt, anstatt, an jemandes Stelle. **Grekiskt och Swenskt Handlexicon öfwer Nya Testamentets skrifter af J. A. Millén.** Örebro 1853. ὑπέρ 1) med genit. egentl. om rum, öfwer, ofwanom — — För öfrigt brukas ὑπέρ i betydelsen a) för, till förmån för, — — efter verba „lida“, „dö“ såsom Joh. 11: 50, 51. Rom. 5: 6, 7; 8: 21. 1 Petr. 2: 21 o. fl. — ofta kan ὑπέρ i sådana fall öfwersättas med i stället för, enär den, som gör eller lider något till förmån för någon, liksom träder i hans ställe. (Äfwen i det klassiska språket förekommer uttrycket ὑπὲρ τίνος ἀποθνήσκειν dö för någon i någons ställe). Här ha wi ju det åter. Biskop Landgren anmärker i sin bok om försoningen, pag. 29: „Deremot nekar herr W. på det bestämdaste, att Christus här på jorden hade något uppdrag att utföra i menniskornas ställe inför sin himmelske Fader. När det i bibeln står att Christus lidit och dött för syndare, så skall detta icke betyda att han har lidit i stället för syndare utan till förmån för syndarena (hyper, ej anti). Och med wanlig raskhet försäkras, att hyper aldrig någonsin betyder i stället för utan endast **till förmån för**. Först och främst är detta icke sannt; ty i Es. 43: 3, 4. säger Herren: „Jag skall gifwa främmande folk till lösepenning i **stället för dig och i stället för din själ**. Här står i hebreiska takteka och takat naphschæka, som i ewighet aldrig kan betyda annat än **i stället för**, och här står just på begge ställena ordet hyper i grekiska öfwersättningen. Likaså är det utom all fråga, att hyper su i Philem. v. 13 betyder **i ditt ställe** (eller i din stad). **Jag wille han skulle tjena mig i din stad**. Likaså gränsar det till orimlighet att tolka 2 Cor. 5: 20 med: **Wi bedja till förmån för Christus. Wi äro sändningabud till förmån för Christus**. Är det den usla menniskan, som skall bewisa nåd åt Christus? Nej, säger herr Waldenström i Göteborgs weckoblad (1875, 47 B), till förmån för Christus betyder här detsamma som i Christi tjenst eller på hans uppdrag. Här bewisar herr W. omkull sig sjelf; ty att wara sändningabud och förmana i en annans tjenst och på hans uppdrag är ju uppenbarligen att wara sändningabud och förmana i hans ställe. Här hafwa wi åter en af herr Waldenströms åtskillnader, som ingenting skilja, likasom när frågan war om Guds wredes drabbande. Watten och bröd torde nog till slut blifwa en helt annan föda än bröd och watten.“ Så långt biskop Landgren.

Prof. Thomasius yttrar pag. 100, 101: In demselben Sinne ist überhaupt das ὑπέρ zu verstehen, wo es in diesem Zusammenhange vorkommt, z. B. Joh. 10, 15. Ganz klar ist ferner der Gedanke der Stellvertretung Röm. 5: 6—8 ausgesprochen: „Christus ist für die Gottlosen gestorben, während unter Menschen kaum einer für einen Gerechten, möglicher Weise für einen Mildthätigen stirbt. Denn wer für einen Gottlosen stirbt, stirbt den Tod, den dieser hätte sterben sollen — also an seiner Statt. — Es kann nur in diesem Sinn gemeint sein, wie auch von sämmtlichen ältern und den meisten neuern Exegeten unserer Kirche anerkannt ist.“ *)

---

*) Att prepositionen hyper nyttjas i denna mening hos de grekiska klassikerne är utom allt twifwel. Raphelius säger i sina „annotationer“ att „Socinianarne icke kunna angifwa en enda grekiskt skriftställare som förswarar en motsatt tolkning.“ Wi anföra ett par utdrag. „Är du willig att hyper tutu apothanein,“ att dö för denna gosse? Det är: är du willig att dö i hans ställe? Att frälsa hans lif genom att uppoffra ditt eget? Widare: Antilochos tu patros hyperapothanon, — Antilochos som dog för sin fader, uppnådde (derigenom) en sådan ära att han ensamt bland grekerna blef kallad Filopator (faderälskare). Texten i de anförda ställena medgifwa ingen annan mening än en rätt fram ställföreträdande.

Att prepositionen hyper äfwen har denna betydelse i nya testamentet, wisar sig af Joh. 11: 50, Caiphas sade: „det är nyttigt för oß, att en enda menniska apothane hyper tu lau, dör för folket, och icke hela folket förgås.“ Caiphas mening war uppenbarligen den, att Kristi lif skulle tagas för att frälsa folkets lif från romarnes hämd; men „detta sade han icke af sig sjelf, utan eftersom han war öfwerstepreſt i det året, profeterade han, att Jesus skulle dö för folket.“ Rom. 5: 7. „Ty näppeligen lär någon dö, hyper, för en rättfärdig; ty för, hyper, den gode dristar tilläfwentyrs någon dö.“ Här nyttjas ordet rätt fram om ett ställföreträdande; — den ena menniskans lif sättes i stället för den andres, hwilket ännu tydligare wisar sig af föreningen med följande vers: „men Gud bewisar sin kärlek till oß, att Christos hyper hemon apothane, Kristus är död för oß, när wi ännu woro syndare.“ Då nu hyper, i föregående vers, betyder att den enes lif sättes i stället för den andres, måste det hafwa samma betydelse här, ty det är en fortsättning af samma bewis. 2 Cor. 5: 21. „Ty honom, som af ingen synd wißte, hafwer han gjort till synd, hyper hemon, för oß, på det wi genom honom skulle warda rättfärdiga för Gud.“ Här är meningen uppenbarligen den, att Kristus blef gjord till syndoffer, såsom ställföreträdare för oß. I ingen annan mening kan det sägas att Kristus „för oß“ blef „gjord till synd.“ Ordet hamartia, som här öfwersättes med synd, kan

Men då P. W. har swårt att bortresonnera detta tydliga ställe, att om en är död för alla, så äro de alle döda, nödgas han gripa till hornslut samt söker bewisa omöjligheten af en sådan tolkning genom de konseqvenser, som deraf skulle följa. Om en är död i stället för alla, så behöfwa de ej mera dö, och i ett sammanhang: om en är uppstånden i stället för alla, så behöfwa de ej mera uppstå. Derföre har han ej försyn för att göra sig lustig öfwer herr biskop Beckmans yttranden i denne sak. I Wittnet, 1877 pagg. 154, 155, säger han hånande:

„Huru det emellertid går med herr biskopens teologi, det wisar han på sid. 37, der han angående de orden: Om en är död för alla, så äro de alla döda (2 Kor. 5: 14), säger: "Apostelens mening kan icke wara någon annan (!), än att alla äro **att räkna såsom döda**, emedan denne ene, Kristus, är död för alla." Wigten af denna lära förklarar han ock så, att en „uppburit syndens lön i wårt ställe, på det att wi, räknade såsom redan döde, skulle **undslippa** att uppbära denna lön, **slippa** att dö den död, som är syndens lön" o. s. w. Men nu will det sig ju icke bättre, än att apostelen på samma ställe säger, att Kristus icke allenast är död utan ock „**uppstånden** för dem", hwilket enligt samma teologi skulle innebära, att han är uppstånden i deras ställe, på det **att de nu måtte slippa att uppstå** m. m. Det wore en mycket wacker teologi! Emellertid kan detta lära en, att det icke är falskeligen berömd konst att låta orden stå, som de stå, samt låta **meningen** wara, hwad **orden** säga, och icke något annat. Hwad Paulus på ifrågawarande ställe enligt den mest uppenbara ordalydelse och det mest tydliga sammanhang talar om, är **allas död från synden såsom grundad i Kristi död för dem**, samt

---

äfwen betyda syndoffer. I denna mening brukas det ofta i Septuaginta." (Pedersen.)

allas lif i Kristus såsom grundadt i hans uppståndelse för dem. Hittills P. W.

Herr biskopens förklaring war alldeles rätt: „apostelens mening kan icke wara någon annan, än att alla äro att räkna såsom döda, emedan denne ene, Kristus, är död för alla.“ Att detta ställe äfwen anföres, att Kristus är uppstånden för alla, det hindrar ej det förra. Ty såsom Kristus är död i wårt ställe, så anser jag, att han äfwen är uppstånden i wårt ställe. I ären döde, säger apostelen, Kol. 3: 3, och edert lif är fördoldt med Kristo i Gudi. Då Kristus dog, då dogo wi; när Kristus uppstod, uppstodo wi; ty han gjorde allt detta i wårt ställe. Detta är ju en gudomlig sanning, som ej behöfwer begabbas. Wår umgängelse är i himmelen, säger Apostelen. Kristus, wårt lif, wårt hufwud, wår rättfärdighet är redan i himmelen. Wi äre hans lemmar och på sistone skall äfwen wår kropp uppstå. Emedlertid äre wi redan döde med Kristo, begrafne med honom och med honom uppståndna. Äfwen d:r Luther föreställde sig saken så, att då Kristus dog på korset, war det såsom alla skulle hafwa dött; och åter, då Kristus uppstod ifrån det döda, war det såsom alla skulle hafwa uppstått, hwilken trösteliga sanning med tron måste anammas. Apostelen Paulus säger: Den tid wi ännu woro döde i synderna, har Gud oß samt med Kristo gjort lefwande, (genom nåden ären i frälste); och hafwer samt med honom satt oß i det himmelska wäsendet i Kristo Jesu, på det han i tillkommande tid bewisa skulle sin nåds öfwerswinneliga rikedom, genom sin mildhet emot oß i Kristo Jesu. Ef. 2: 5—7. Med rätta anmärker härwid von Gerlach. „Den sista satsen wisar, huru de orden: „lefwande gjort med Kristo, meduppwäckt och medförsatt i det himmelska“ böra förstås. De betyda icke alldeles detsamma, som Rom 6: 4—6; Kol. 1: 3 meduppstånden med Kristo; ty på wårt ställe betecknas dermed icke i främsta rummet en inwårtes förändring i de troende, utan återlösnings-werket utom dem, sådant det af och i Kristo blifwit fullbordadt. De åt Guds wrede, och derföre åt timlig och ewig, lekamlig och andelig död hemfallna syndarne äro, enär Kristus för dem lidit döden, nu genom hans uppståndelse meduppwäckta, genom hans förhärligande medförhärligade; i hans uppståndelse och förhärligande, såsom en tilldragelse för hela werlden, hwilar wäsentligen kraften att göra alla, som tro, delaktiga af samma lif."

D:r Luther skrifwer härligt härom i förra predikan på Påskdagen i Huspostillan, hwarifrån wi få anföra följande:

„Nu skola wi, om wi rätt wilja förstå wår Herres Kristi uppståndelses nytta, föreställa oß twenne särskilda belåten. Det ena är det bedröfwade, eländiga, föraktliga, jemmerliga, blodiga belåtet, hwarom wi hörde Långfredagen, att Kristus hänger der midt emellan twenne röfware och dör i stor pina. Såsom tillförene är sagdt, skole wi så se på detta belåtet, att wi stadeligen skola sluta, att det alltsammans wisserligen är skedt för wåra synders skull, att Han såsom den rätte ewige Presten wille gifwa sig till ett offer för wåra synder och med sin död betala för dem. Ty hwarje menniska skall weta, att det war wåra synder, som så sargade Kristum och så grufweligt plågade honom, och att Hans lidande är ingenting annat än dina och mina synder. Så ofta derföre, som wi tänke på eller betrakte detta bedröfwade blodiga belåtet, skole wi icke tänka annat, än att wi der se wåra synder, och wi skole deraf lära betrakta Guds förfärliga wrede, hwaruti wi fallit genom wåra synder, de der äro så stora, att intet kreatur kan bära eller afbetala dem, utan allenast Guds Son genom sitt eget offer och sin död. Men om detta sorgbelåtet alltid skulle så blifwa, så wore det alldeles för mycket förfärligt och olideligt. Derföre likasom wi uti tron noga förbinde dessa twenne artiklar: Kristus är korsfäst, död, begrafwen, nederstigen till helfwetet och uppstånden igen på tredje dagen ifrån de döda, så ser man, att sorgebelätet warar icke länge. Ty förrän tre dagar woro framfarna, förer wår Herre Kristus med sig ett annat skönt, ljufligt, lefwande, glädjefullt beläte, att wi stadeligen måga lära oß och behålla den tröften, att icke allenast alla wåra synder äro genom Kristi död dräpne och utstrukne, utan att wi genom Hans uppståndelse hafwe en ny ewig rättfärdighet och lif, som Paulus säger Rom. 4: 25 Kristus är för wåra synders skull utgifwen och för wår rättfärdighets skull uppwäckt, och 1 Cor. 15: 17, 18: Är Kristus icke uppstånden, då är eder tro fåfäng och I ären ännu i edra synder, så äro ock de förtappade, som i Kristo äro affomnade, och tro wi allenast på Kristum för detta lifwet, äre wi de eländigaste ibland menniskor. Ty liksom dina synder tillförene hängde honom på halsen och korsfäste honom, så ser du nu i det andra belätet, att det numera icke är någon synd hos honom utan idel rättfärdighet, ingen pina eller bedröfwelse, utan idel glädje, ingen död, utan idel lif, och ett ewigt lif, emot hwilket det timliga icke är att förlikna. Öfwer detta belätet borde wi med rätta glädja oß. Det är wäl förskräckande, att se allenast på det första belätet, men när man förenar dermed och fattar uppståndelsens glädjefulla beläte och ser på orsaken hwarföre han bar detta beläte, så blifwer det ock mycket tröfteligt och saligt. Ty deruti lyser nu och uppenbaras Guds stora, osägeliga kärlek emot det arma, syndiga menniskoslägtet, att han så högeligen och hjerteligen ömkade sig öfwer wår jemmer, att han icke skonade sin enfödde älskelige Son, utan utgaf honom för wår skull, och underkastade honom kors och död, i den affigt att han skulle taga dina och mina synder, som woro oß för swåra att bära, så att wi under dem hade måst duka till jorden, och lägga dem på sin Son, som är ewig Gud och allena kunde bära synden. Der finner du dem nu, der låt dem ock ligga. Du kan icke bättre lägga dem, att de skulle mindre trycka och beswära dig.

Derefter tag ock det andra belätet för dig, i hwilket du ser, huru din Herre Kristus, som tillförene war så ömkelig och eländig för dina synders skull, dem Gud lade på honom, nu är skön, ren, härlig och fröjdefull, och alla synder äro ifrån honom förswunne. Nu skall du widare räkna så. Ligga dina synder icke mera på dig sjelf, för Kristi pinas skull, utan äro af Gud sjelf tagne ifrån dig och lagda på Kristum, men nu Påskadagen icke mera äro, efter Herrens Kristi uppståndelse på honom, hwart skall man då tänka, att de tagit wägen? De äro sannerligen, som Micha säger, sänkte i hafsens djup, så att hwarken djefwulen eller något kreatur kan finna dem. — Men wi skole, om wi eljest wilje wara kristne, göra genom tron denna artikel wiß, fast och stadig i wåra hjertan, att Kristus, som bär wåra synder på korset, och betalde derföre med sin död, uppstod från de döda igen för wår rättfärdighets skull; ty ju fastare wi det tro i wårt hjerta, deß mera glädje och tröst skole wi förnimma. Ty det är omöjligt annat, än att denna bild skall fröjda dig, att du ser nu i Kristo en så skön, ren lefwande menniska, då han för dina synders skull tillförene blef lagd så eländig och jemmerlig i döden och grafwen. Ty deraf är du wiß, att dina synder nu äro borta och icke mera förhanden. Ty liksom wi i det första lidandes- och döds-belätet se, huru wåra synder, wår förbannelse och död ligga på Kristum och göra en eländig, ömkelig menniska af honom, så se wi Påskadagen ett annat beläte, hwarpå man ser ingen synd, ingen förbannelse, ingen wrede, ingen död, utan idel lif, nåd, salighet och rättfärdighet i Kristo. Med detta beläte skole wi upprätta wårt hjerta, ty det är för oß framstäldt och oß gifwet, att wi icke annorlunda skole anamma det, än såsom hade Gud uppwäckt oß sjelfwa med

Kristo i dag. Ty lika litet, som du ser någon synd, död och förbannelse i Kristo, så skall du tro, att Gud will ock icke se synd hos dig för Kristi skull, om du anammar och tröstar dig wid denna hans uppståndelse. Denna nåd bringar oß tron och på den dagen skall man icke längre tro det, utan förnimma, se och känna det.

Denna är den rätta läran om tron, hwilken hwar man menar, att han ganska wäl hafwer och känner; men de äro i sanning icke många, som derom hafwa rätt förstånd, ty det kan hwarken in- eller utala sig med orden. Den Helige Ande måste göra det. Kan du nu denna konsten, då är du en kristen, kan du henne ock icke än, så tacka dock Gud, att du är i deras tal, som dock gerna höra det och wakta sig för bespottelse, hwarmed Turkar, Judar och Papister förtörna Gud, när de wilja i anseende till sina egna personer wara så fromme, att de drista sig fram för Guds dom, och utan detta beläte strida med döden synden och djefwulen, hwarwid tron icke annat kan än alldeles förswinna. Men du skall lära dig att icke bygga på din egen helighet, utan så fatta detta ljufliga Kristi beläte, såsom wißte du ingenting om dig sjelf, på samma sätt som dina ögon icke se sig sjelfwa, när du går din wäg fram, på det du må hafwa i ditt hjerta Kristum allena, som uppstod ifrån de döda, öfwerwann synden och helvetet; så är du helbregda. Dertill hjelpe oß wår käre Herre Kristus Jesus! Amen. Så långt ur Luthers härliga Påskpredikan.

Jag måste tillstå, att jag redan tidigt just genom denna predikan fick den uppfattningen, att Kristus både dött och uppstått i mitt ställe och jag anser det ytterst wigtigt, att wi fatte detta, som är evangelii kärna. Så betraktar Luther saken samt anser dem såsom Turkar, Judar och Papister, hwilka ej hafwa denna tröstliga lära utan bespotta den. Med skäl måste man beklaga, att äfwen P. W. i denna punkt lärer mera i öfwerensstämmelse med desſa bespottare än med oß lutheraner. Måtte äfwen ännu många ögon öppnas genom denna och andra predikningar af Luther, som har en helt annan grund än P. W.

Wi upprepa ännu hwad wi yttrat om ordet ὑπέρ såsom innebärande ett ställföreträdande. Wi ha sett huru öfwerstepresten Kaifas sade Joh. 11: 50, 51: oß är bättre, att en man dör för (ὑπερ) folket, än att allt folket skulle förgås. Det war Guds egen Ande, som lade dessa ord i öfwerstepresteus mun. Och huru kan man, då man har ett sådant wittnesbörd, tänka sig Kristi död för oß annorlunda än såsom en död i wårt ställe? Antingen wi eller han skulle dö.*) Så brukas ὑπέρ på många ställen i N. T. t. ex. Joh. 10: 15; Gal. 3: 13; Tit. 2: 14; 1 Petr. 3: 18; Hebr. 2: 9 etc. hwilka ställen hwar och en sjelf må uppslå och begrunda!

Kristi ställföreträdande lidande och död betecknas i N. T. icke allenast med prep. ὑπέρ, utan äfwen med prep. ἀντί, som på det otwetydigaste innebär ett ställföreträdande. Se t. ex. Schneiders lexikon: „Am häufigsten bezeichnet es ein Gleichschätzen, Gleichachten, einen Ersatz durch etwas von gleichem Werth, ein Stellvertreten, gegen, anstatt, für, pro, instar. ἀντὶ πολλῶν λαῶν ἐστί, es gilt für vieles Volk d. h. er allein ist soviel werth, wie viel Volks. Eintreten in die Stelle eines o Andern.“ T. U. Ralston yttrar: „Från bruket af grekiska prepositionen anti kunna wi äfwen sluta, att Kristi lidanden woro ställföreträdande. I Math. 5: 38 säger wår Frälsare: I hafwen hört, att det är sagdt: öga, anti, för (eller i stället för) öga, och tand anti, för (eller i stället för) tand. I Math. 2: 22. „Archelaus war rådande öfwer Judeen, anti, i stället för sin fader Herodes, eller i Herodes sin faders ställe.“ Låtom oß nu se, huru samma preposition i Math. 20: 28 nyttjas med affeende på

*) Jemför T. H. Swartengren: Nogle ord om Forskiellen mellen Luthers og Waldenströms Lære pag. 43—46.

wår Herre Kristus. „Såsom menniskones Son icke är kommen, att låta tjena sig, utan att tjena, och gifwa sitt lif till lösen, anti, för (eller i stället för) många." Om dessa bibelställen icke bewisa, att Kristus dog såsom ställföreträdare för oß, så måste wi tillstå att de bewisa intet. Här får jag äfwen erinra om det, jag i **Wittnesbörd** för den lutherska läran om rättfärdiggörelsen yttrat:

„Hwad lärer då Kristus sjelf? Han wittnar, Math. 20: 28: **Menniskones Son är icke kommen, på det han will låta tjena sig, utan att han will tjena, och gifwa sitt lif till återlösning för många** (dounai tän psychän hautou lytron anti pollun). Huru skulle han hafwa kunnat tydligare uttala ändamålet med sitt lidande och sin korsdöd? Döden är lytron, lösepenningen, anti i stället för många. Exegeten Meyer anmärker wid detta ställe: „Anti betecknar ställföreträdelse. Det som gifwes såsom lösepenning inträder i stället för det, som dermed löskköpes. Hwarifrån löskköpas de? Från den ewiga apuleia (fördömelsen), hwarunder de, om deras syndaskuld icke skulle hafwa blifwit tillintetgjord, skulle wara förfallna, såsom förblifwande under Guds wrede. Joh. 3: 36." Med Math. 20: 28 öfwerensstämmer 1 Tim. 2: 5, 6: **En är Gud och en medlare** (mesitäs, fredstiftare) **emellan Gud och menniskor, nemligen den menniskan Jesus Kristus, hwilken sig sjelf gifwit hafwer till återlösen** (antilytron) **för alla** (hyper pantun). Lytron anti pollun, antilytron hyper pantun!! Det som står skrifwet, det står!"

Då P. W. förnekar, att Kristi lidande och död war ställföreträdande, strider han uppenbart emot skriftens lära. Derföre kan man ej annat, än på det högsta förwånas, huru han djerfwes så mycket berömma sig af sin skriftenlighet, ehuru hans lära i högsta måtto är skriftwidrig. Den som råkar på willolåror, förlorar all besinning. Deras willfarelse skall dock allom uppenbar warda.

Kristus har för oß lidit straffet och har dött i wårt ställe samt sålunda frälsat oß från syndaskulden och lagens förbannelse, enligt Gal. 3: 13. Detta bekräftas af Ef. 2: 14, 15, (se Gerlachs förklaring) och Kol. 2: 14. Ja Kristus är lagens ände, Rom. 10: 4. Allt detta hänför P. W., såsom wi i det föregående sett, till den ceremonialiska lagen, men han nekar, att Kristus förlossar oß från hela Dekalogens förbannelse. Han anser, att den gudomliga lagen har allt samma fordringar på oß som förut och att wårt förhållande till denna lag icke blifwit på något sätt genom Kristi lidande och död förändradt. Om så wore fallet, så wore wi alla för ewigt förlorade. Men Gud ske lof! wi äre frälste från hela lagens förbannelse och isynnerhet från de tio budens fördömande kraft. Detta finna wi åfwen ganska tydligt i apostelen Pauli bewisning i början af Romarbrefwet. Der ådagalägger han, att både judarne, som hade dekalogen och ceremoniallagen, och hedningarne, hwilka endast hade den naturliga lagen, alle äro under synd samt gör den slutsatsen: **allt det lagen säger**, det säger hon till dem, som under lagen äro, på det att hwar och en mun skall tillstoppas och all werlden för Gud brottslig warda. Märkom noga: **allt hwad lagen säger**, det må sedan wara den naturliga eller uppenbarade lagen, allt sker blott för att öfwerbewisa alla menniskor om deras synd och förtappelsewärdhet. Allesamman äro de syndare och hafwa intet att berömma sig af för Gud, och warda rättfärdiga utan förskyllan genom den förloßning, som i Jesu Kristo skedd är. P. W:s påstående, att Kristus återlöst menskligheten endast från den ceremonialiska lagen och ej från allt, hwad den gudomliga lagen säger, är således uppenbart ogrundadt och leder blott menniskorna till förderfwets afgrund, om nemligen lagen med sin fördömelse allt fortfarande är i sin fulla kraft, äfwen sedan Kristus blifwit en förbannelse för oß och för hela werlden. Må derföre ingen lyßna till P. W:s förfalskning af detta stycke. Luther wisar i öfwerensstämmelse med den heliga skrift, att här menas hela lagen, så äfwen wår kyrkas symboliska böcker. Detta öfwerensstämmer ock med alla kristnas erfarenhet af saken. Men P. W. will, oaktadt sin söta lära, dock hafwa menniskorna fortfarande under lagens ok, hwars följd är den ewiga fördömelsen.

I all synnerhet förnekar P. W., att Kristus försonade Gud emot alla menniskor, då han dog på korset. Ända derhän går P. W. dristeligen. Hwem will mera följa honom på hans farliga stråt! Skriftens allra dyrbaraste lära förnekas af P. W. O we! o we! o we!

Att det war Gud, som behöfde försonas för hans oföränderliga rättfärdighets och sannfärdighets skull, se t. ex. Nohrborgs predikan på Nyårsdagen § 7 och att Kristus lidit straffet och dött för hela werlden, se samma predikan § 16, der det heter: „Wi wilja 4:o märka: Hwilka de skyldige äro, för hwilka Jesus wår Öfwerste Prest allt detta gjort och lidit hafwer? Skriften swarar allestädes, att det är skedt för hela werlden och för alla menniskor, icke en enda ibland dem undantagen, utom Kristus sjelf; och äfwen för alla deras synder, af hwad namn de wara må, så att ingen enda synd fördömer oß för bristande försonings skull, icke engång synd emot den Helige Ande. Men har ock Jesus återlöst dem, som blifwa förtappade? Ja! wisserligen! Paulus säger: att Kristus hafwer lidit döden för den förtappade; och Petrus: Han hafwer köpt dem, som föra öfwer sig sjelfwa fördömelsen. Har ock Kristus återlöst dem, som döda woro, innan han kom i werlden att återlösa? Ja! Apostelen säger, att Kristi död gick emellan till förloßning ifrån de öfwerträdelser, som under det förra Testamentet woro. Och huru kan det annorlunda wara? Hela menniskoslägtet blef ju wid återlösningen ansedt såsom en moralisk person och en kropp; och skulle han då kunnat återlösa den ena lemmen i kroppen och icke den andra? Låt wara, att du will säga: det war ju icke nödigt att återlösa dem, som han såg förut ändå skulle blifwa förtappade, efter de icke wille antaga försoningen. Men det gick icke an att skilja dem åt. Hade det warit möjligt, att wid återlösningen skilja dem åt, så hade det samma kunnat ske wid fallet, så att icke alle i Adam blifwit förderfwade. Men så litet som det ena war möjligt, äfwen så litet war ock det andra, ty det är just det, som gör återlösningen möjlig genom en enda fullmägtig, att hela slägtet ansågs såsom en person, som war fallen under en fullmägtig och kunde alltså genom en annan fullmägtig upprättas; hwilket med djeflarna icke war möjligt, förnämligast för den orsakens skull, att de alle föllo för sig sjelfwe utom sammanhang med hwarandra och utom förbindelse i en kropp. Således se wi, att Jesu försoning omöjligen annat kan, än sträcka sig till alla, till hela kroppen, som war fallen."

Då P. W. såsom ett hufwudskäl för sin afwikelse från wår lära påstår, att det i bibeln icke alls talas om något Guds försonande, wilja wi nu hufwudsakligen undersöka, huru härmed förhåller sig. Finnes det då icke något enda bibelställe, som bewisar, att en werklig försoning af Guds wrede ägt rum? Ja wäl! Det finnes en ordstam i det grekiska språket, hwars härledningar begagnas både i grekiska öfwersättningen af gamla Testamentet LXX och i nya Testamentet, hwilka på det allra tydligaste bewisa ett Guds försonande. Ett bibelspråk, som wisar ändamålet med Sonens sändning, anser jag wara af synnerlig wigt: **Deruti står kärleken, icke det wi hafwe älskat Gud, men det han hafwer älskat oß och sändt sin Son till en försoning för wåra synder** (ἱλασμὸν περὶ τῶν ἁμαρτιῶν). 1 Joh.

4: 10. Här antydes först wår kärlekslöshet och syndfullhet, sedan Guds kärlek, att han welat hjelpa oß fattige, fördömde syndare; widare sättet, hwarpå Gud hjelpt oß: att han sändt sin egen Son, och till sist ändamålet med Sonens sändande, att han kommit till en försoning för wåra synder. Wåra synder behöfde således försonas. Med hwem behöfde wi försonas? Just med den öfwer synden wredgade, helige Guden, som fann en försoning nödwändig, och af oändlig kärlek gaf den i sin egen Son. Så förfärlig war synden, att ej annat hjelpte, än att Guds egen Son nödgades blifwa menniska och dö såsom ett försoningsoffer i wårt ställe. Och nu will P. W. bortresonnera hela denna försonings nödwändighet. — Wi återwände till wårt språk 1 Joh. 4: 10. Här begagnas för försoning i grundterten ἱλασμος, ett mycket wigtigt och upplysande ord. Då jag fann, att ordet ἱλασμος här begagnades, blef jag wiß om owilkorlig seger. ἱλασμος är ett ord, som P. W. omöjligt kan tillintetgöra. Guds skrift är så kraftig, att äfwen ett enda ord kan kullstörta alla hin ondes listigaste ränker, såsom det äfwen sjunges: Ett ord kan honom fälla. ἱλασμος är ett ord, som innebär Guds försonande. Här är det omöjligt att tänka sig blidkandet af någon annan än Gud sjelf. Det måste hwar och en, som helst litet är bewandrad i klassisk grekiska, bestyrka. Derföre fröjdade jag mig högeligen då jag såg detta ord och jag kunde ej annat än utropa: victoria! Här erinrar jag mig den wäldiga hjelten Goliaths nederlag genom en liten sten ur Davids herdewäska. Den oomskurna Filisten hade i 40 dagar försmädat lefwande Guds här, men hans stora ord fingo en ända. Så har äfwen P. W. jemte wapendragare uppträdt emot wår kyrka, det sanna Israel; men ordet ἱλασμος är stenen, för hwilken sådana försmädelser måste förstummas. Den berör det ömmaste stället af P. W:s lärosystem. Om detta blir skadadt, ramlar hela den tillkonstlade lärobyggnaden. Någon kan anse det för egenkärlek, att jag här begagnar liknelsen om David och Goliath, men härwid beder jag att få erinra, att äran är Herrens allena. Det war han, som riktade stenen emot Goliaths panna, det är han, som ännu gifwer segren i all andelig strid. Guds kyrka måste städse segra emot mörkrets makter. Kära barn, säger Johannes, I ären af Gudi och hafwen öfwerwunnit dem, ty den, som är i eder, han är större än den, som är i werlden. 1 Joh. 4: 4. Widare får jag erinra, att jag ingalunda är den första som påpekat wigten af ordet ἱλασμός. Nej, alla bibeltrogna lutherska theologer hafwa enstämmigt intygat detsamma. Gerlach säger till 1 Joh. 2: 2, „Ordet försoning“ betyder här tillfyllestgörelse för synden genom ett ställföreträdande offer. Detta är ett af de ställen, hwari uttryckligen säges, att genom Kristus icke blott menniskorna blifwit försonade med Gud; utan åfwen och framför allt, Gud blifwit försonad med menniskorna; Johannes begagnar sig för att uttrycka detta af det ordet hilasmos, som i det allmänna språkbruket blott betecknar ett ställföreträdande försoningsoffer.“ Wilmar yttrar: ἱλασμός, propitiatio, Gnädigmachung Gottes, 1 Joh. 2: 2; 4: 10; diese ist die nach Gottes Seite hingewendete Thätigkeit Christi des Hohenpriesters. Dem ἱλασμός steht die ὀργὴ τοῦ ϑεοῦ gegenüber; der ἱλασμός ist ein einmaliger Act Gottes in Seinem ewigen hohen Priester“. (Dogmatik 2 Band. p. 89, 90). Äfwen biskop Landgren har begagnat sig af denna sten, då han säger: „Hela intresset wid undersökningen om försoningen sammantränger sig således kring betydelsen och meningen i ordet **blidka** (hilaskesthai, hilasmos), som oupphörligt förekommer såwäl i grekiska öfwersättningen af Gamla Testamentet, som i Nya Testamentets originalskrift.“ Och åter: „Att ett blidkande af Herrans wrede — — läres genom hela skriften, är utom allt twifwel, ja sjelfwa ordet blidkande (hilasmos) tillkännagifwer ju alldeles otwetydigt, att ingen annan än Gud och hans rättfärdighet kan wara föremål för en sådan handling, huru än den grammatikaliska konstruktionen utbildat sig, emedan här icke kan wara frågan, hwarken att göra synden eller satan eller något annat underordnadt wäsen blidt emot sig." (Grunddragen till läran om rättfärdiggörelsen p. 104). Och d:r Philippi „Das Simplex ἱλάσκεσθαι und das Compositum ἐξιλάσκεσθαι ist medium mit aktiver bedeutung und s. v. a ἵλαον ποιεῖν propitium reddere, placare, günstig, gnädig stimmen, versöhnen." I Zach. 7: 2 heter det uttryckligen ἐξιλάσσασθαι τὸν κύριον. Ja, hwarje klassiskt bildad man måste instämma i ordet ἱλασμος betydelse af gudaförsoning. Detta bestyrkes äfwen af Schneider och Passou: ἱλάσκομαι (ἵλαος) sühnen versöhnen, bey Horn. stets von den Göttern, einen Gott sich versöhnen, ihr sich huldvoll, gnädig, gewogen machen." Exempel kunna härför anföras ur Iliaden.

1: 472 ff.

οἱ δὲ πανημέριοι μολπῇ θεὸν ἱλάσκοντο,
καλὸν ἀείδοντες παιήονα, κοῦροι Ἀχαιῶν,
μέλποντες Ἑκάεργον· ὁ δὲ φρένα τέρπετ' ἀκούων.

2: 550 f.

ἔνθάδε μιν ταύροισι καὶ ἀρνειοῖς ἱλάονται
κοῦροι Ἀθηναίων, περιτελλομένων ἐνιαυτῶν·

Derföre erinrar biskop Beckman, **om betydelsen af Kristi försoning**, pag. 34: „Hwad wi här wille tillfoga är, att ordet hilaskesthai måste för den grekiskt talande hafwa inneburit en bestämd erinring derom, att wid syndares och synders försoning Gud i främsta rummet är försoningshandlingens föremål, och att syndernas förlåtelse är i fråga om försoningens betydelse ett moment af ingalunda ringare betydelse än „syndernas borttagande"; äfwensom att då hos de 70 uttolkare hilaskesthai är wanliga öfwersättningen af kippär försona genom lösens erläggande, detta gifwer än ytterligare stöd åt wår uppfattning. Ordet hänwisar derigenom på synd-offret och den genom detta wunna eftergift, förlåtelse för synderna.

I 1 Joh. 2: 2 och 4: 10 utsäges, att Kristus är „försoningen för wåra synder", ordagrannare försoning med afseende på wåra synder. Redan ordet hilasmos (försoning) måste erinra den grekiske läsaren om denna försonings bestämmelse att bereda oß Guds nåd och syndernas förlåtelse. Det sammanhang, i hwilket 2: 2 står med föregående vers och jemwäl med kap. 1 erinrar äfwen den swenske läsaren derom. Då förespråkarens, förswararens werksamhet tydligen åsyftar att förwärfwa oß förlåtelse, när wi hafwa syndat (v. 1), så ligger onekligen närmast att tänka äfwen försonandet såsom närmast syftande till denna werkan. Uppenbarligen angifwer apostelen försoningen såsom den grund, på hwilken en troende med trygghet kan bygga hoppet om framgång för det förswar Kristus egnar honom inför fadren. Och då förswararen ej kan tänkas rikta sin förbön till någon annan än fadren, så ledes blicken owilkorligen på denne såsom jemwäl försoningens närmaste föremål, om ocksa handlingen i deß helhet, både försonandet och förebedjandet, ytterst såsom ändamål affer synden, syndaskulden och deß utplånande. Hilasmos betyder jemwäl syndoffer. Tages det i denna bemärkelse, så hänwisar stället på syndoffrets betydelse, såsom förklarande hwad apostelen menar dermed att Kristus är försoningen för wåra synder. Syndoffrets betydelse känna wi redan.

Återstår Rom. 3: 23—26, der Kristus (v. 25) säges i sitt blod wara af Gud framställd såsom „nådastol" eller „försoningsoffer". Grekiska ordet för dessa beteckningar är hilastärion, som kan betyda båda delarne, och i alla händelser genom sin härledning från hileos påminner om Guds nåd, såsom Kristi försonings frukt." Så långt biskop Beckman.

Ännu får jag anföra ett yttrande af M. G. Rosenius. Här står det p. 13 f. med anledning af ordet hilaskesthai, hilasmos: „Och just bruket af dessa sistnämnda ord är det afgörande bewiset för, att nya testamentet kände, icke blott en menniskans försoning med Gud, utan ock en Guds försoning med menniskan. Uti Hebr. 2: 17 lyda orden så: „Derföre måste han i allt wara bröderna lik, på det han skulle wara barmhertig och en trogen öfwersteprest för Gudi, att **försona** folkets synder". Hwad är nu här „försona"? Enligt p. 41 i W:s skrift och det „nya ljus" i saken, som han tyckes förmena sig ega, skulle ju **försona** folkets synder här alldeles omöjligt kunna betyda något annat än **borttaga** folkets synder. Men W. har alldeles för brådtom i sina beslut, eller ock har han kommit alldeles för tidigt ur skolan. Lika så litet som i gamla testamentet uti sammanställningarna „försona helgedomen", „försona landet", „försona själarna" tal kan hafwa warit om att borttaga helgedomen, borttaga landet, borttaga själarna, lika litet har ordet försona här den betydelsen „borttaga". Att försoningen har borttagande af folkets synder både till **förutsättning** och till **följd** är sant. Men här talas hwarken om förutsättning eller följd, utan om **försoningen i och för sig**. Här talas icke om den **subjektiva** försoningen, icke heller om den del af den objektiva, hwarigenom en återställelse skedde i **menskligheten**. Och hade W. pröfwat innan han fälde utslaget, så skulle han kommit att betänka, att hilaskesthai härleder sig från hileos, som betyder **nådig**, att ordet nådig i egentlig mening och så widt fråga är om förhållandet mellan Gud och menniskan, nyttjas **om Gud allena**, såsom den allena helige, och den, af hwilken all nåd kommer, och följaktligen **icke om menniskan**, och att, till följd häraf, hilaskesthai, som betyder **warda nådig** eller **sig till fromma** (medialt) **göra nådig** och i denna mening försona, till sitt **närmaste** föremål **icke kan hafwa någon eller något annat än Gud**. Hela den grekiska literaturen, från och med den af Homerus, må här wittna. Och will W. bjuda till att, med afseende särskilt på nya testamentet, förneka denna „enkla språkföreteelse“, så ställa wi honom till swars t. ex. inför Luk. 18: 13. Stå icke der de orden: „Gud miskunda dig öfwer mig syndare!“? Äro icke orden talade till Gud? Är icke ordet „miskunda dig“ öfwersättning af det grekiska ordet hilasthäti? Betyder icke det ordet egentligen **blif nådig, blif försonad** eller **låt dig försonas**? Och skulle wäl af Christus, Mästaren med den lärda tungan, det ordet kunnat läggas i publikanens mun, derest, såsom W. nu will lära oß, det att försonas aldrig kunde tilläggas Gud? Jo, här står det. Och med detta Herrens Christi allra bestämdaste utslag i frågan jemföre man 1 Joh. 2: 2; 4: 10, der sjelfwa „försoningens **betydelse**“, hwarom nu strides, — och särskilt deß betydelse, såsom den der till sin **grund** alldeles icke beror af oß menniskor, — är så bestämdt uttalad, som det wäl med menniskoord kunde ske, då der säges, att den kärlek, hwarigenom wi, som nu på jorden lefwa i Guds Sons tro, skola hafwa försoning och lif, är icke den kärlek, hwarmed wi älska (och som dock hos de älskande aldrig saknas) utan den, hwarmed han, Christus älskar, i det han, såsom frälsare bildande de frälsningsbehöfwandes **motsats**, är **hos Fadren** och **der** försonar på en gång för wåra och hela werldens, **äfwen den otrogna werldens** synder.“

Alla ord i bibeln, som tala om Guds nåd emot syndare och om syndernas förlåtelse, båra wittne om Guds försonande. Så heter det i ps. 103: 3, att Gud förlåter (εὐιλατεύοντα) alla synder och Hes. 16: 63, då jag förlåter dig (ἐν τῷ ἐξιλάσκεσθαί με σοί) allt det du gjort hafwer. Derföre beder ock publikanen, Luc. 18: Gud, war mig syndare nådig. (ὁ Θεὸς, ἱλάσθητί μοι) och i Ebr. 8: 12 heter det om Gud: Jag warder blidkad (ἵλεως ἔσομαι, placatus enl. Passou) öfwer deras orättfärdigheter. Med ett ord: ἱλασμός är den klippa, emot hwilken alla socinianska och antikristiska systemer i anseende till försoningsläran owilkorligen måste krossas!

I sin skrift **försoningens betydelse** försökte P. W. bewisa sitt påstående, att Gud icke blifwit blidkad genom Kristum, oaktadt han då ännu antog, att werlden på sitt sätt blifwit försonad i Kristi död. Han sökte starkt förskansa sig bakom S:t Pauli framställningssätt, att Gud försonade werlden med sig sjelf. „Står det, att Kain dödade Abel, så war det Abel, som blef dödad och icke Kain. Och sammalunda: står det, att det war Gud, som försonade werlden; ja då war det werlden, som blef försonad, men icke Gud. Emot lagarne för den enkla grammatiska satsen förmår den skarpsinnigaste dogmatik alldeles ingenting. Hwad som står, det står och dermed punkt.“ Tappert förswarar sig P. W. med sitt grammatiska swärd och sina oemotståndliga kanoner, trygg i sin ställning likt en fältherre i sin fästning. Det är icke just rådligt att angripa en sådan hjeltemodig förswarare. Herr Welinder och B—g få sig skarpa skott för sin oförståndighet, att åfwen wåga stöda sig på Pauli ord: Gud war i Kristo och försonade werlden med sig sjelf. „Det är mycket märkwärdigt“, säger P. W., „att se, huru Welinder och B—g i Församlingswännen tro sig i detta språk finna ett afgörande bewis, alldeles så som stode här: Gud försonade sig med sig sjelf eller „Gud försonade sig med werlden“. Men hwar och en, som ej genom theologi glömt bort de allra enklaste grammatiska reglor, ser ju att werlden här är objekt. „Så demonstrerar P. W. Frågan gäller nu Pauli bruk af ordet καταλλάσσω, hwad dermed egentligen menas, hwilka kasus det enligt grekiska språkbruket erfordrar, samt hwad de ord innebära, som stå i sammanhang dermed. Wi rådfråga den Schneider-Passowska ordboken: καταλλάσσω, verwechseln, vertauschen, austauschen. 2) ausgleichen, aussöhnen, vermitteln. Med. sich unter einander versöhnen, τινί och πρός τινα. τὴν ἔχθραν τινὶ καταλλάττεσθαι, die Feindschaft mit jemand auswechseln, beylegen, Hdt. 1, 61. vgl. διαλλασσω," hwilket sednare ord innebär „die Gesinnung eines andern aus Feindschaft in Freundschaft verwandeln, ihn mit einem andern aussöhnen τινά τινι und τινὰ πρός τινα." Den som skall försonas, betecknas wanligtwis med dativus. T. ex. LXX 1 Sam. 29: 4 ἐν τίνι διαλλαγήσεται οὗτος τῷ κυρίῳ αὐτοῦ; I hwad kunde han (David) bättre blidka sin herre (Saul). Det war fråga om Sauls blidkande och förwärfwande af hans wälbehag. Här begagnas för Saul dativus κυρίῳ. Tagom ett annat dylikt exempel från Nya Testamentet, nemligen Math. 5: 23, 24, Om du kommer i håg, att din broder hafwer något emot dig. Gack först bort och förlika dig med din broder (διαλλαγηθι τῷ ἀδελφῷ σου). Hwem skulle här blidkas? Den förolämpade brodren, som äfwen här uttryckes med dativus. Alldeles samma är förhållandet med konstruktionen af καταλλάσσω hos den klassiskt bildade Paulus. Gud försonade werlden med sig (ἑαυτῷ). Nb. i dativus. Gud blef sjelf försonad eller blidkad mot werlden genom Kristi död. Detta är genom denna konstruktion obestridligt. Detta bestyrkes äfwen af Swenskt Lutherskt kyrkotidning för år 1877 pag. 156, hwarest följande upplysning är intagen:

Grammatikan är emot den moderna försoningstheorien.

Luther säger: „Djefwulen aktar icke så mycket min ande, som mina språk och min penna i skriften; ty min ande tager intet annat ifrån honom än mig sjelf; men den h. skrift och språken göra honom werlden för trång och göra honom skada i hans rike." — Med anledning häraf wilja wi anföra ett skriftspråk, som nu begagnas för att bewisa, att Kristi försoning har endast afseende på werlden eller på menniskorna och icke på Gud! „Gud war i Kristo och försonade werlden med sig sjelf" 2 Cor. 5: 19. Θεος ην εν Χριστω κοσμον καταλγασσων εαυτω). Här är ett aktivt verb med twå objekter, werlden och sig sjelf. Det nekar ju ingen, att ett sådant verb öfwerför sin werkan på begge objekterna. Werlden och Gud äro således båda föremål för försoningen, eller med andra ord: försoningen angår både Gud och werlden. Får man nu kalla den här förekommande dativen (ἑαυτῷ) en „dativus commodi," så är wisserligen försoningen till fördel för Gud lika mycket som för werlden. — Huru går det nu med bewisspråket? Blir det icke ett sauls-swärd, på hwilket wedersakarne af wår lutherska bekännelse om försoningen måste stöta sig och falla? Desse wedersakare ha länge och hårdt gißlat theologerna; hwad wilja de nu göra med philologerna?

P. P.

Emedan P. W. jemte wapendragare på det ömkligaste rådbråkat just de språk, der καταλλασσω af Paulus begagnas, wele wi i hast skärskåda dessa språk. Det är synnerligen tillfredställande, att icke allenast Tysklands förnämste dogmatiker t. ex. professor **Philippi**, utan äfwen deß förnämste exegeter, till och med d:r **H. A. W. Meyer** i försoningsfrågan rätt uppfattat Pauli framställningssätt, hwarföre wi äfwen få gifwa akt på desses utläggningar.

Wi tage först för oß Rom. 5: 6—11. **Medan wi ännu woro swage, har Kristus, när tiden war inne dött för ogudaktige. Ty näppeligen will någon dö för en rättfärdig, ty för den gode torde tilläfwentyrs någon drista att dö. Men Gud bewisar sin kärlek till oß, att Kristus har dött för oß medan wi ännu woro syndare.** *) Häraf finna wi nu först den tröstliga sanningen, att Kristus i tidens fullbordan dött för de ogudaktige och i deras ställe, såsom sammanhanget här tydligt wisar. Han har dött för oß syndare, och

*) Öfwersättning, utgifwen 1877 af Bibelkommissionen.

sålunda frälsat oß. Derigenom kunna wi wara wißsa, om Guds stora kärlek emot oß. Så mycket mera skola wi då, sedan wi nu hafwa blifwit rättfärdiggjorde uti hans blod, genom honom warda frälste ifrån wreden. Då wi redan såsom ogudaktige och syndare så älskades af Gud, att hans son dog för oß, så kunna wi nu, då wi i tron anammat denna förloßning och äre wordne rättfärdiggiorde, wara wisse om Guds nåd. **Ty om wi, medan wi woro fiender** (ἐχθροὶ ὄντες), **blifwit försonade med Gud genom hans Sons död** (καταλλαγημεν τῷ θεῷ δια τοῦ θανάτου τοῦ υἱοῦ αυτοῦ), **så skola wi så mycket mera, sedan wi blifwit försonade** (πολλῷ μᾶλλον καταλλαγέντες) **warda frälste genom hans lif.** Häraf är klart, att wi, då wi ännu woro ogudaktiga, syndiga och Gudi förhatliga, blefwo försonade med Gud genom hans sons död. Det war Kristi död som åstadkom denna försoning så att Gud blef blidkad emot oß. „Werden wir, im Blute Jesu gerechtfertigt, um so mehr bewahret bleiben vor dem göttlichen Zorne, so muß dieses Blut eben als Blut der Versöhnung uns schon zuvor von diesem Zorne befreit haben.“ Philippi. Så mycket mer, då wi nu äre försonade med Gud, d. ä. då Gud icke mer är fiendtligt sinnad emot oß, utan har upphäft sin wrede emot oß, och wi deremot äre delaktige af hans nåd och huldhet, blifwe wi nu behållne genom hans lif. **Och icke det allenast, utan wi berömmom oß ock i Gud genom wår Herre Jesus Kristus, genom hwilken wi nu hafwa fått försoningen** (καταλλαγὴν ἐλάβομεν). Wi ha fått Guds försoning emot oß samt blifwit deraf delaktige. Deremot kan den subjektiva menskliga försoningen meddelas; men ej emottagas. Sonens blod och död erfordrades; derigenom åstadkoms Guds försoning. Wi blefwo försonade. Alla syndare försonades med Gud, då Kristus dog. Han har förwärfwat oß Guds nåd; annars wore han fåfängt död. Nu kunna wi wara wissa om nåden, då Guds egen Son i sin död förwärfwat oß den samma. Häremot påstår P. W., „att wår försoning icke skett på den stund, då Kristus dog. Kristi död är blott medlet för wår försoning.“ Widare nekar han, att, då apostelen säger, wi woro försonade med Gud genom hans sons död, äfwen werlden wore inbegripen i denna försoning. Oaktadt apostelen bewittnar, att Kristus har dött för oß, medan wi ännu woro syndare, nekar dock P. W., att den syndiga werlden warit föremål för den af Kristus i hans död åstadkomna försoningen. Wi woro ju alla syndiga och ogudaktiga och behöfde försoning. Kristus dog i wårt och alla ogudaktigas ställe. Då blefwo wi alla försonade med Gud. Detta wågar P. W. neka. Han anser, att försoningen blott innebär, att wi lemna wår fiendtliga sinnesstämning emot Gud, dertill uppmuntrade genom Kristi död, som warit endast såsom ett lockelsemedel, hwarmed Gud försöker att få oß wänligt sinnade emot sig. Hwem finner ej huru torftig en sådan tolkning är? Kristi död är wißt ett medel för wår försoning, men ett sådant, hwarigenom försoningen en gång för alla werkställdes. Låt bli herr P. W. att söka tillintetgöra werkan af Jesu Kristi, Guds Sons död till wår och hela werldens försoning, hwilken sannerligen skedde, då Han dog! Måtte wi alla behjerta detta, att wi äre försonade med Gud genom hans Sons död, den stund wi ännu woro owänner! Detta är Pauli och alla andra apostlars lära. Detta är det rena evangelium. Låten ingen beröfwa eder den trösten! Deraf få wi glädjas i alla wåra lifsdagar. Gud ske ewigt lof! Amen!

Enligt mitt löfte får jag här meddela äfwen något af d:r Meyers förklaringar. Wi gifwa akt på Rom. 5:.10. „εχϑροί nämlich Gottes, was aus κατηλλ, τῷ ϑεῷ erhellt. Aber nicht activ (feindlich gegen Gott, sondern er hob, als dasjenige, was ihre Begnadigung von Seiten Gottes bewirkte, die Feindschaft **Gottes gegen die Menschen** auf, wovon dann erst das Aufhören jener Menschenfeindschaft gegen Gott das durch den Glauben vermittelte sittliche Consequens war. Und wie hätte P. bei jener activen Fassung sein πολλῷ μᾶλλον etc. richtig folgern können da ja die Gewißheit des σωθησόμεθα darauf beruht, daß wir bei Gott in Freundschaft (Gnaden) stehen, nicht darauf, daß wir freundschaftig gegen Gott sind. Richtig ist daher nur die **passivische** Erklärung Feinde Gottes, d. i. Solche, auf welche die heilige θεοσεχθρία, die ὀργή Gottes um der Sünde willen gerichtet ist, θεοστυγεῖς, τέκνα ὀργῆς. Dieß widerspricht nicht der v. 8. gepriesenen ἀγάπη θεοῦ, da eben die Veranstaltung, welche Gott durch den Tod Jesu traf, seine Feindschaft gegen die sündigen Menschen unbeschadet seiner Heiligkeit aufzugeben, der höchste Beweis seiner **Liebe** zu uns (nicht zu unsern Sünden) war. — Demnach ist auch κατηλλάγημεν und καταλλαγέντες nothwendig nicht activ zu fassen, sondern **passiv: ausgesöhnt mit Gott**, so daß dieser nun nicht mehr feindlich gegen uns ist, sondern um des Todes seines (geliebten) Sohnes willen seinen Zorn gegen uns aufgegeben hat, und wir dagegen seiner Gnade und Huld theilhaftig geworden sind. — Der Tod Jesu wirkte unsere Aussöhnung; um so weniger kann sein erhöhetes **Leben** unsere Rettung unvollendet lassen."

C. O. Rosenius säger med anledning af samma vers: „Apostelens hjerta flödar öfwer i en ytterligare utweckling af samma trösteliga sak, som i föregående vers. Han gör det här med en dubbel motsättning af förra och närwarande förhållanden: Den förra motsättningen rörer oß: wi woro owänner, wi äro förlikte; den andra rörer Guds Son: Genom Hans död blefwo wi förlikte med Gud; genom Hans lif blifwa wi behållne frälste, bewarade till salighet.

Den stund wi ännu woro owänner, wordo wi förlikte med Gud. En öfwermåttan tröstelig anmärkning, huru helst man ock förstår ordet „owänner.“ Detta ord har en twåfaldig betydelse: än betecknar det, att wi äro fiendtlige mot Gud, såsom i Cap. 8: 7, och Col. 1: 21, der Apostelen talar om det köttsliga sinnet; än betecknar det, att **Guds wrede hwilar öfwer oß**, såsom Apostelen, Eph. 2: 3, säger, att wi „woro af naturen wredens barn.“ Nu är det en afgjord sak, att wi woro Guds owänner i båda dessa betydelser; men hwilken betydelse Apostelen här åsyftat, kan man se af det, som han ställer såsom motsats emot „owänner.“ Deß motsats är, neml.: „**Wi wordo förlikte**“ — „**wi wordo förlikte med Gud genom Hans Sons död.**“ Då detta uttryck måste handla om **det** som **skedde** uti **Kristi död**, neml., att „Gud wardt förblidkad öfwer wåra orättfärdigheter,“ blef tillfredsställd genom blodet på Hans kors; „ty Gud war i Christo och **försonade werlden med sig sjelf** och **förebrådde dem icke deras synder**;“ — — då uttrycket „wi wordo förlikte“ etc. har denna betydelse och här utgör motsatsen till att wi förut „woro owänner,“ så måste detta ord här beteckna detsamma som oförsonte, stadda under Guds wrede, under „lagens förbannelse.“ Då wi ännu woro i denna ställning till Gud, „wordo wi förlikte genom Hans Sons död: mycket mer, säger Apostelen, måste wi nu, då wi äro sålunda förlikte, blifwa behållne genom Hans lif.

Wi wordo förlikte med Gud genom Hans Sons död. Dessa äro ord, som fordra ett djupt begrundande. Såwäl för en arm syndares kommande till tron, som ock för en troende Christens förblifwande i densamma, är det öfwermåttan wigtigt, att wäl fatta hwad som skedde uti Christi död och således alltid står fast och finns till, ehwad wi äro trogna eller otrogna, neml. att alla menniskors synder då afplanades, att Gud då „**försonade werlden** med sig **sjelf**,“ och blef förblidkad öfwer allas wåra orättfärdigheter. Såsom Skriften uttryckligt lärer: „Christus hafwer förlossat oß ifrån lagens förbannelse, då **Han wardt en förbannelse för oß**, ty det är skrifwet: förbannad är hwar och en som **hänger på träd.**" (Gal. 3: 19). Märk stunden, när Christus förlossade oß ifrån lagens förbannelse! Apostelen säger, att det skedde då, när Han „**hängde på träd.**" Så sade ock ängelen till Daniel: „Då skall öfwerträdelsen warda förtagen och synden betäckt och mißgerningen försonad, och den ewiga rättfärdigheten framhafd" (Dan. 9: 24). När skulle detta ske? Ängelen säger: På en wiß bestämd tid, när de sjuttio årsweckorna äro förgångna, då Christus skall dödad warda. Detta är således skedt, ehwad wi äro fromma eller ogudaktiga, trogna eller otrogna. Såsom ock Johannes säger: „Christus är försoningen för wåra synder; **icke allenast för wåra utan ock för hela werldens**" (1 Joh. 2: 2). Så utropade ock Joh. Döparen, då han först såg Christus: „Si Guds Lam, som borttager **werldens** synder." Detta skulle Christus göra såsom „Lam," således i sin död. Så säger ock wår Apostel i det redan anförda språket, 2 Cor. 5: 19,: „Gud war i Christo och försonade **werlden** med sig sjelf och **förebrådde dem intet deras synder.**" Detta är den förlikning, som skedde uti Christi död, och hwilken således gäller inför Gud långt före wår bättring och tro, och är skedd för alla menniskor, äfwen affallna och otrogna. Nu återstår endast, att också syndaren återkommer och låter försona sig med Gud; såsom Apostelen på sistnämnda ställe tillägger: „Så äro wi nu sändningabud i Chrsti stad, som bedja: **låter försona eder med Gud.** Detta är den förlikning, som nu återstår. Och endast då, när syndaren förnimmer sådant, att Gud är redan försonad, icke mer will förebrå synderna, utan uträcker sin nådeshand till förlikning, då wiker äfwen fiendskapen i syndarens hjerta, då ångrar han sin ondska mot en så nådig Gud och kan aldrig nog önska och bedja, att få wara i Hans wänskap för ewigt.

Och då är syndaren i ett **nådaständ**, som genom ingenting kan rubbas, så länge tros-föreningen fortfar, att syndaren icke helt öfwergifwer sin Gud och blifwer twå resor död. Men äfwen för denna fortfarande nåd drager den nu lefwande ewige Öfwerstepresten omsorg."

Wi komma nu till slutet af 2 Kor. 5:e kapitel fr. v. 18: **Alltsammans är af Gud, som har försonat oss med sig sjelf och gifwit oss försoningens embete.** Allt lif och all salighet är af Gud. Grunden för alla werkningar hos oss är, att Gud har försonat oss med sig sjelf (τοῦ καταλλάξαντος ἡμᾶς ἑαυτῷ διὰ ἰησοῦ χριστοῦ). P. W. förklarar, att detta oss gäller allenast apostlarne och andra troende, att endast de äro försonade d. w. s. bragte till försonlig sinnesstämning emot Gud. Men här talas om att Gud försonat såwäl apostlarne, som alla andra menniskor med sig genom Kristus. Det är en en gång för alla skedd objektiv akt. Men försoningens embete gäller speciellt apostlarne och andra predikanter, hwilka förkunna om den skedde försoningen. Apostelen förklarar saken närmare: **Ty Gud war i Kristus och försonade werlden med sig sjelf och tillräknade dem icke deras synder och nedlade i oss försoningens ord.** Kristus hade ej försonat allenast apostlarne utan hela werlden med Gud. Detta förnekar P. W.; men här står det dock: ἦν κόσμον καταλλάσσων ἑαυτῷ. Gud war försonande werlden, detta är wäl detsamma, som försonade. Men detta nekar P. W. Han försöker bortblanda det, som är ganska tydligt. P. W. förklarar, att Kristus blott war sysselsatt med att försona menniskorna genom att predika för dem och förlåta de troende deras synder, men att han ej fullbordade försoningen, utan är sysselsatt dermed ännu. Detta härrör af hans olika uppfattning af försoningen, då han anser, att endast menniskan behöfwer försonas, men ej Gud. Så kan man wända upp och ned på alltsammans. Rätta meningen är, att Gud i Kristo werkeligen försonade werlden med sig sjelf. Kristus war försonande. Hans werksamhet här war försonande; hans lidande och död war försonande. Och han försonade Gud emot hela werlden. Försoningen utgick ifrån Gud, men den gällde åfwen honom sjelf (ἑαυτῷ). Detsamma intygas åfwen af apostelen Johannes 1 Ep. 2: 22, **Han är en försoning för wåra synder, men icke allenast för wåra, utan ock för hela werldens** (περὶ ὅλου κοσμοῦ). Då apostelen säger, att han är försoningen för wåra synder, åsyftar han de troende, men han tillägger dessa märkwärdiga ord: icke allenast för wåra utan för hela werldens. Kristus är i sitt lidande och sin död en försoning för hela werlden. Hela werlden blef då försonad. Detta innebär owedersägligen dessa språk. Ingen låte derföre förbrylla sig genom P. W:s kombinationer. Försoningen för hela werldens synder är en gång för alla skedd i Kristi död, och detta gäller hela werlden; annars wore apostlarnes ord lögn, då de säga, att Kristus försonade werlden och att han är försoningen för hela werldens synder. Sedan Gud blifwit försonad, will han ej mera tillräkna menniskorna deras synder, utan förlåter dem för Kristi skull och hafwer ibland oß beskickat försoningens ord. Evangelium förkunnar, att werlden är försonad med Gud genom Kristus. **Så äre wi nu sändebud i Kristi stad**, säger apostelen widare, **ty Gud förmanar genom oß. Så bedje wi nu i Kristi stad: låter försona eder med Gud** (καταλλάγητε τῷ θεῷ). Då Gud är försonad, så emottager denna försoning, warer nu försonade med honom. Göret ej werkan af hans försoning till intet genom otro; utan tron, att Gud för Kristi skull werkeligen är blidkad emot eder.

Hwar talar Paulus widare om försoningen? I sitt sändebref till de Efeser, 2 kapitlet v. 16. **Att han neml. Kristus, skulle försona** (ἀποκαταλλάξῃ) **dem båda med Gudi** (τῷ θεῷ) **uti en kropp, ge-**

nom korset; och hafwer dödat owänskapen genom sig sjelf. Kristus försonade både judar och hedningar med Gud αποκαταλλάσσω wieder aussöhnen. „Uebrigens geht ἀποκαταλ nicht auf die gegenseitige Aussöhnung der Juden und Heiden, sondern, wie das ausdrückliche τῷ θεῷ sagt (Rom. 5: 10, 2, Kor. 5, 18, 20), auf die Versöhnung der Beiden mit Gott, dessen Zorn nämlich gegen die Sünder Christus durch sein ἱλαστήριων in Gnade verwandelt hat.“ (Meyer). Då wi woro Guds fiender, äro wi genom hans sons död med honom försonade; öfwerhufwud heter „försona någon med en annan wanligen: utplåna den andras fiendskap emot honom, återskaffa någon den andres ynnest.“ (Gerlach) Så förklarar Fritzsche καταλλάσσεσθαί τινι: in alicujus favorem venire, qui antea succensuerit. I Kol. 1: 19—22 heter det: Behagligt hafwer warit (Fadrenom), att all fullhet skulle bo i honom; och att han genom honom allting försona skulle med sig sjelf, tillfredsställande genom blodet på hans kors, både det på jorden och i himmelen är; och eder, som fordom woren främmande och fiender med sinnet i onda gerningar. Men nu hafwer han försonat eder med sitt kötts lekamen, genom döden; på det han skulle ställa eder helige, och ostrafflige och obesmittade i sin åsyn. „Versöhnen steht hier für: versöhnend zurück führen oder: versöhnend mit sich einigen. Denn Christi Versöhnung bezieht sich direkt nur auf die Menschen, hat aber als solche zugleich die durch die Sünde gestörte Harmonie des Universums wieder hergestellt, und so das All wieder mit Gott geeinigt“ (Philippi), Kristus stiftade frid genom blodet på korset och försonade sålunda Gud emot oß i sitt kötts lekamen genom döden. I Kristi lekamen skedde försoningen, då Kristus dog, detta är tydligt af detta ställe „νυνὶ bezeichnet die Jetztzeit, welche mit dem αποκατηλλ. eingetreten; Letzteres aber ist objectiv geschehen durch den Tod

Christi v. 22, ἐν τῷ σώματι etc.) **wodurch** sie versöhnt worden sind, dem δι' αὐτοῦ und διὰ τοῦ αἵματος τοῦ σταυροῦ αὐτοῦ, v. 20 entsprechend: an dem Leibe seines Fleisches vermittelst des Todes." Meyer.

Då ordet καταλλάσσω begagnas, är det fråga om försonande af någons wrede, ty derwid förekommer ofta ἔχθρα, ὀργῇ etc. Att i det paulinska språkbruket det är Gud, hwars wrede blifwit försonad, bewisas äfwen af **Sophokles** Ajas 700 (730):

ἀλλ' οἴχεταί τοι, πρὸς τὸ κέρδιστον τραπεις
γνώμης, θεοῖσιν ὡς καταλλαχθῇ χόλου.

Här är ju tydligt, att försoningen gällde blidkandet af **Gudarnes wrede**. θεοῖσιν står i dativus, alldeles såsom θεῷ hos Paulus. P. W:s braskande emot Welinder och B—g war således ett stort misstag. Hans fästning är intagen. Derföre utropar herr Swartengren med skäl: „Men se dog med opmerksomme Øine paa Ordene i 2 Kor. 5, 18. Der staar, at Gud „forsonede Verden med sig selv." Da disse Ord er rigtige Slagord i Waldenstrøms Lære, saa er det saa meget merkværdigere, at netop paa dem hele hans Lærebygning i Spørgsmaalet om Forsoningen ramler omkuld. Hvorfor skal man anstrænge sig for ikke at se det lille Ord „med," „med sig selv?" Ingen betvivler, at med dette „sig selv" menes Gud Herren. Den, som skal „blidgjøres," er just den, til hvis Betegnelse sattes det lille Ord „med." Rom. 5, 10, Efes. 2, 16 m. fl. Det citerede Sted indeholder derfor den Mening, at Gud blef „blidgjort" ligeoverfor Verden."

Här få wi nu äfwen tala något om den för Gud gällande rättfärdigheten. Härom heter det i 2 Kor. 5: 21, **Honom, som af ingen synd wißte, här Gud för oß gjort till synd, på det att wi skola warda Guds rättfärdighet i honom.** Kristus har påtagit sig wår synd och blifwit en förbannelse för oß, på det wi i honom skulle warda rättfärdige, i det han är oß af Gudi gjord till rättfärdighet, såsom han ock heter: **Herren wår rättfärdighet**, på det att hwar och en, som will berömma sig, berömme sig i honom (ἐν κυρίῳ, δικαιοσύνη θεοῦ ἐν αὐτῷ). Endast i Kristo ha wi en för Gud gällande rättfärdighet, då wi äre i tron iklädde i honom. Han har borttagit wåra synder och han är lagens ände till rättfärdighet, hwarjom och enom, som tror. Men P. W., Ekman et consortes förkasta denna Kristi tillräknade rättfärdighet och påyrka, att wi skola blifwa rättfärdiga i oß sjelfwa och icke i Kristo. **De förstå icke Guds rättfärdighet, utan fara efter att upprätta sin egen rättfärdighet** (τὴν ἰδίαν δικαιοσύνην) **och äro så icke Guds rättfärdighet underdånige.** Här är ock en wigtig skillnad. Wi hafwa Kristus sjelf såsom wår fullkomliga rättfärdighet, men de förkasta denna Guds rättfärdighet, och wilja upprätta sin egen rättfärdighet, såsom de egenrättfärdiga judarne. Komminister Ekman yttrar i Nya Posten N:o 10 B. 2879: „Kristi rättfärdighet **tillräknas** således icke syndaren, då han kommer till tron på Jesus Kristus, utan den **meddelas** honom, så att han blifwer werkligt rättfärdig.“ „Hwad wi sålunda häraf kunna lära, det är, att wår rättfärdighet alls icke är i himmelen, såsom mången inbillar sig, utan att den wäsentliga rättfärdigheten är uti oß och består deri, att hwar och en, som tror på Jesus, blir delaktig af Kristus sjelf, hans ande och lif, hwilket är det samma som att blifwa delaktig af Guds rättfärdighet. Derför säger ock Paulus, att wi skola warda **Guds rättfärdighet** genom Kristus (2 Kor. 5: 21) „ehuru den här är endast i sin begynnelse, men den är derför icke mindre sann och werklig. Alldeles såsom en blomknopp i sig innesluter en blommas alla beståndsdelar, ehuru den ännu icke blifwit utslagen i all sin prakt och herrlighet.“

Sålunda förkasta dessa herrar Kristi utom oß warande, oß genom tron tillräknade rättfärdighet, då wi deremot bekänna, att wi äro rättfärdige i honom, att all hans rättfärdighet är wår. Han är lagens ände till rättfärdighet för de troende. Blott i hans rättfärdighet kunna wi bestå inför Gud. Men en sådan lära hånas nu af P. W. och hans gelikar, såsom äfwen Ekman lamenterar: „Då förstå wi nogsamt, att det är en orimlighet att anwända Kristus till en hjelp **emot honom, som just har sändt Kristus.**" „Men när det gäller Gud, då betraktas det såsom den högsta wisdom och den djupsinnigaste andlighet att kunna begagna Kristus till ett förswar mot Fadren, ja, man anser sådant wara sjelfwa kärnan och märgen i kristendomen. Wisserligen är sådant grusweligt. Må Gud snart förbarma sig öfwer oß och skingra allt det mörker, som råder härutinnan! Med sådant hedrar man hwarken Fadren eller Sonen, ej. heller tjenar det till att gifwa själarna ett rätt förstånd om Gud." Så utropar herr Ekman!

Hwad är detta annat än en hädelse emot bibelns lära om den för Gud gällande rättfärdigheten. Bibeln lärer, att wi skola wara rättfärdige i Kristo, men desse herrar att den för Gud gällande rättfärdigheten skall wara endast i oß sjelfwa. Här är en diametral motsats emellan Pauli och P. W:s lära; så äfwen emellan den lutherska och waldenströmska läran. De äro hwarandra alldeles motsatta, såsom Kristi rättfärdighet och menniskans egenrättfärdighet (ἰδία δικαιοσύνη).

Luther säger i Evang. post. 9 §§ 27, 28: „Det är ej nog, att wi äre fromme, hafwa goda gerningar, och lefwe i nåden. Ty icke ens wår rättfärdighet, mycket mindre wår orättfärdighet, kan bestå inför Guds ögon och dom. Jag har derföre sagt: det är den rätta trons art, att hon icke förlåter sig på sig sjelf, eller uppå sin tro, utan håller sig till Kristus, och gifwer sig under hans rättfärdighet, och låter henne wara sitt beskärm och wärn, likasom kycklingen icke förlåter sig uppå sitt lif och löpande, utan tager sin tillflygt in under hönans kropp och wingar. Ty den som will bestå inför Guds dom, honom är ej nog, att han säger: jag tror och hafwer nåd. Ty allt, hwad hos honom är, kan icke beskydda honom; utan han sätte Kristi egen rättfärdighet emot samma dom och låte den med Guds dom handla; ty hon kan med all åra bestå inför honom ewinnerligen, som Ps. 111: 3 och Ps. 112: 3 säger: **Hans rättfärdighet blifwer ewinnerliga.** Under henne kryper, smyger och trycker han sig, och tror utan allt twifwel, att hon skall behålla honom, så sker det också; han blifwer genom en sådan tro behållen, icke för sin egen, eller för en sådan tro skull, utan för Kristi och hans rättfärdighets skull, derunder han gifwer sig. Den tro, som icke så gör, hon är icke rätt." Se äfwen §§ 30 och 31 i samma predikan: „Derföre kallar Paulus Kristus **propitiatorium**, en Nådastol i Rom. 3: 25 och lärer öfwerallt, huru wi genom honom och under honom måste uti trone warda behållne." „Sannerliga, wi måste blifwa uti Kristo, på Kristo och under Kristo, och icke wika undan hans wingar, eljest äre wi alldeles förlorade. S:t Petrus säger i 1 Ep. 4: 18, „Den rättfärdige warder med plats salig; och så mödosamt är det äfwen att kunna förblifwa under denna hönans wingar." Här ha wi Luthers uppfattning, att wi skola hafwa Kristi egen rättfärdighet emot Guds dom. Detta är ett mycket märkligt ställe: Kristus och hans rättfärdighet allena gäller inför Gud. Luther åberopar sig äfwen på Paulus och Petrus, att de hade samma lära. När jag i min ungdom läste detta, uppgick för mig ett nytt ljus i läran om rättfärdiggörelsen, att Kristus allena duger inför Gud. Wi måste ha honom såsom en skärm och förswarare. Endast i honom kunna wi bestå inför Gud. Wi få hänwisa till Honom, som för oß fullbordat all rättfärdighet. Då Guds egen son fullgjort allt, då är det till fyllest. Gud har oß täcka gjort i honom, som kärkommen är. Men detta är för Ekman en orimlighet. Derför anser han det för grufligt och beder, att Gud måtte skingra sådant mörker. Hwad skall man säga om en sådan bön?! Men de arme förstå ej Guds rättfärdighet, utan söka upprätta sin egen **rättfärdighet**, derföre förkasta de Kristi för Gud gällande rättfärdighet. Något mera dåraktigt och fasawäckande kan sannerligen icke finnas. I motsats till herr Ekman säger Luther i företalet till förklaringen öfwer Galaterbrefwet: „om wi här icke kunna skilja emellan dessa twenne rättfärdigheter, om wi icke här med tron fatte den på Guds högra hand sittande **Kristus, som är wårt lif och wår rättfärdighet,** som åfwen beder för oß fattiga syndare hos sin fader, då äro wi under lagen, icke under nåden, och Kristus är icke mer en Frälsare utan en laggifware. Der kan ej mera wara någon salighet, utan en säker förtwiflan och ewig död är att förwäntas.“

Om Kristi laguppfyllelse i wårt ställe skrifwer Luther i predikan öfwer episteln på söndagen efter Jul, N:o 8 i Epistel postillan, bland annat följande: „Wi måste tro, att Kristus allena hafwer uppfyllt lagen; såsom han säger i Matth. 5: 17 **Jag är icke kommen till att upplossa lagen, utan till att fullborda.** Det samma menas ock i Testamentet, som säger i 1 Mos. 22: 18, **Att all werlden är förbannad, och skall i Abrahams säd wälsignad warda.** Är nu hwar och en förbannad, och utan wälsignelse, så är ingens person i sig sjelf god, utan är idel Kain: då måste icke heller gerningarna wara goda, som redan sagdt är, att Gud icke ser på gerningarna, utan ser förut på Abels och Kains personer; och att lagsens gerningar icke göra någon from och rättfärdig.

Nu är det redan nog sagdt, att ingen menniska håller lagen, utan Kristum; och äro alle twungne och fångne under honom, såsom trälar. Häraf följer, att den som icke håller lagen, han förtjenar ock, att dömas och straffas efter lagen. Derföre måste den, som är under lagen, på första sättet, nemliga, i anseende till gerningarna, äfwen wara under honom på det andra sättet, nemliga, i anseende till straffet. Således gör det första sättet alla wåra gerningar till synd; emedan de icke ske med wilja utan med olust. Det andra sättet gör oß förbannade, och fördömmer oß till döden och fördömelsen.

Då kommer nu Kristus förut, innan samma dom, och lider döden, förbannelsen och fördömelsen, just, lika som hade han sjelf brutit hela lagen, och wore skyldig till all den dom, som i lagen är afsagd öfwerträdare: der han likwäl icke allenast brutit alls intet, utan ock hällit hela lagen, den han icke war pligtig att hålla. Är alltså hans oskyldighet här tweggehanda. Den ena, att han icke behöfde lida, oansedt han icke hällit någon lag, såsom han wäl hade haft fog till att icke hållan. Den andra, att han derjemte af god wilja hölt honom, och äfwen derföre icke war skyldig att lida. Deremot war ock wår skuld twehanda. Den ena, att wi hade bort hålla honom; men hafwe icke gjort det; hwarföre wi med rätta borde lida allt ondt. Den andra, att om wi än höllo honom, lede wi ändå med rätta, hwad Gud wille.

Si, detta heter, att Guds Son är gjord under lagen, på det han skulle förlossa oß, som under lagen woro. Oß, oß, hafwer han gjort detta till godo, och icke till sitt eget behof. Han har welat bewisa idel kärlek, godhet och barmhertighet, såsom S:t Paulus säger i Gal. 3: 13, **Kristus hafwer förlossat oß ifrån lagsens förbannelse, då han wardt en förbannelse för oß.** Som wille han säga: han hafwer sjelf undergifwit sig lagen och en sådan deß dom, på det alle, som tro det, måtte ock warda förlossade ifrån lagen och deß dom. Se nu här, hwad för en öfwerswinnerlig rikedom den kristliga tron har, som för alla Kristi gerningar och allt hans lidande till egendom, så att hon kan förlåta sig derpå, lika som hade hon sjelf gjort det, och som wore det hennes eget. Ty, såsom sagt är, Kristus har icke gjort dem för sig sjelf, utan för oß. Han hafwer församlat denna skatten åt oß, att wi skulle hålla oß derwid, samt tro och ega honom. Derhos har ock sådan tro den Hel. Anda alltid med sig.

Hwad skulle Gud mer göra? Huru kan en själ här annat än wara fri, glad, lustig och willig i Gud och Kristo? Hwad gerning eller lidande kan wäl möta henne, som hon icke skulle åtaga sig med innerlig fägnad och glädjebetygelse, och derwid älska och prisa sin Gud. Men gör hon icke det, så är det ett tecken att hennes tro är swag, eller ock alldeles död. Ty ju större tron är, desto större är ock en sådan glädje och frihet; men ju mindre tro deß mindre glädje. Si, detta är den rätta kristeliga förloßningen och friheten ifrån lagen, och ifrån lagsens dom, det är ifrån synden och ifrån döden. Icke, som skulle ej någon synd eller död blifwa qwar, utan att begge, såwäl lagen som döden, warda, som wore de intet. Lagen gör icke till synd, döden gör icke till skam, utan tron går ända igenom till rättfärdigheten och lifwet ewinnerliga.

Men han sätter här till: **genom Kristum**, på det ingen må tänka, att sådant arf är oß gifwet utan all förtjenst och omkostnad. Ty fastän det icke kostat oß, utan är oß gifwet oförtjent, så hat det dock mycket kostat Kristo, som derföre blifwit lagen undergifwen för wåra skull, att han måtte förwärfwa och förtjena det allom dem, som tro på honom. Lika som när wi göre wäl emot wår nästa, så kostar det honom intet, icke heller förtjenar han det; likwäl kostar det oß wårt omak och förråd, som wi onödgade och af af idel godhet på honom anwände, lika som Kristus kostat, och ännu kostat på oß sin egendom.“ Så långt från Luthers epistel-postilla n:o 8.

Hwems uppfattning skola wi nu följa: den lutherska eller waldenströmska. Mången will följa den sednare, ty de förstå sig ej på Guds rättfärdighet, utan söka att upprätta sin egen rättfärdighet. Men nog anser jag det dock rådligare att följa Luther, S:t Paulus och alla Guds helgon, som berömma sig i Kristo allena. Då jag redan widlyftigare afhandlat frågan om rättfärdiggörelsen i **Den lutherska rättfärdiggörelseläran** och **Wittnesbörd för den lutherska läran om rättfärdiggörelsen** *), beder jag nu blott att få hänwisa till dessa skrifter, och isynnerhet till d:r Luthers förklaringar.

Det är synnerligen fägnande, att det i Swerige ännu finnas så många, som taga parti för den rätta Paulinska rättfärdiggörelseläran, hwilken äfwen blifwit framställd af Frälsaren sjelf i motsats till den moderna egenrättfärdighetens erbarmliga angrepp. Det är äfwen mycket bra, att herr Ekman numera skiljt sig ifrån läroembetet i den evangeliska statskyrkan i Swerige. Hans skrifter ådagalägga den mest uppenbara egenrättfärdighet och det är förwånanswärdt, huru han kan förwränga de tydligaste bibelspråk till deras konträra motsats för att nedsätta Kristi ställföreträdande rättfärdighet och upprätta wår egen usla rättfärdighet.

Emedan P. W. emot d:r Linnarsson åberopat sig på Meyers utläggning af 2 Kor. 5:te kap., beder jag att här ännu få anföra ett widlyftigare andragande af Meyer, som kan tjena till mycken belysning af wårt wigtiga ämne. D:r Linnarsson yttrar: „Fosterlandsstiftelsen blir af P. W. klandrad ej blott för sin „underliga trohet" mot bekännelsen, utan äfwen för den otrohet mot den bibliska sanningen, som hon skall hafwa ådagalagt särskildt genom att låta gamla oriktigheter qwarstå i den senast utgifna upp-

---

*) Dessa skrifter äro utgifna i Tammerfors hos Emil Hagelberg 1875 och 1877.

lagan af den s. k. „lektorernas öfwersättning“ af nya testamentet. Exempelwis anföres, att när det i 2 Kor. 5: 19 efter grt. heter: **Gud war i Kristus försonande werlden med sig,** så heter det i den nämnda öfwersättningen: **Gud förlikte i Kristus werlden med sig.** Den anmärkningen synes bra obefogad. Ty om det också icke må bestridas, att P. W:s öfwersättning är mera ordagrann, så kan derför ingalunda medgifwas, att det innebär någonting oriktigt att — såsom t. ex. också Meyer gör — återgifwa grundtextens participialkonstruktion med imperfektum: Gud försonade i Kristus werlden med sig. Men äfwen om man widhåller den af P. W. yrkade öfwersättningen, så winnes derigenom icke något stöd för den teologi, som P. W. på den senare tiden hyllat och förfäktat. Den gudomliga försoningswerksamheten i Kristus förlägges enligt den ena öfwersättningen såwäl som enligt den andra till en försluten tid, och såsom föremål för den i och genom Kristus åwägabragta försoningen angifwes icke det fåtal menniskor, som under Kristi jordiska lefnad i tron på honom wunno syndernas förlåtelse och frid med Gud, utan **werlden** d. w. s. hela den i synd fallna menskligheten. N. J. L.“

För min del instämmer jag alldeles i d:r Linnarssons yttrande, att det kan wara just detsamma, om man öfwersätter 2 Kor. 5: 19 antingen så: **Gud war i Kristo försonande werlden med sig,** eller så: **Gud förlikte i Kristus werlden med sig,** oaktadt P. W. gör så stor affär deraf. **War försonande** eller **förlikte** innebär just detsamma såsom d:r L. ådagalägger. Om ej P. W. har andra grunder för sin theologi, så är denna skilnad af ingen wigt, isynnerhet som aoristus af *καταλάσσω* begagnas till och med i samma kapitel och P. W:s öfwerensstämmelse med Meyer är icke så farlig, hwilket wi nogsamt skola finna, då wi nu anföra några yttranden af denne exeget med anledning af dessa verser, ur **Kritisch**

exegetischer Kommentar über das Neue Testament, 5:te Auflage.

V. 18 (τὰ δὲ παντα) Alles, worin die neue Verfassung des Christen besteht, **rührt von Gott her**; und nun wird durch τοῦ καταλλάξαντος — καταλλαγῆς die **Art und Weise** angegeben, **wie** Gott dasselbe in's Werk gesetzt habe, dadurch nämlich, daß er uns durch Christum mit sich versöhnt und dem Ap. und seinen Arbeitsgenossen den Dienst der Versöhnung anvertraut habe. Die Versöhnung ist **an der ganzen Menschheit** (daher κοσμον v. 19) geschehen; ἡμᾶς aber sagt P. aus der Person der Gläubigen, als derjenigen, werlche die Versöhnung der Welt in ihrer subjectiven Verwirklichung **erfahren** haben. τοῦ καταλλαξαντος etc.) **welcher uns versöhnt hat mit sich selbst durch Christum.** Denn die Menschen waren vermöge ihrer angetilgten Sünde mit Gottes heiligen Zorn behaftet, ἐχθροὶ θεοῦ (Rom. 5,10, 11,28. Eph. 2: 16, vrgl Kol. 1,20 f.), aber dadurch, daß Gott Christum als ἱλαστήριον sterben ließ bewirkte er die Tilgung ihrer Sünden, wodurch also Gottes Zorn aufhörte. Derselbe Gedanke ist Rom. 5: 10 enthalten, nur in **passiver** Ausdrucksweise. — τὴν διακον. τῆς καταλλ. **den Dienst, welcher der Versöhnung gewidmet ist**, die Versöhnung den Menschen vermittelt, indem ihnen durch diesen Dienst die Versöhnug gepredigt und sie zum Glauben an das ἱλαστήιον Jesu gebracht werden, welcher Glaube die causa apprehendens der Versöhnung ist.

V. 19. Begründende Erläuterung des vorherigen ἐκ τοῦ θεοῦ, τοῦ καταλλάξοντος — καταλλαγῆς. „Mitt Recht sage ich: **von Gott**, der uns versöhnt hat u. s. w., **weil ja Gott in Christo die Welt versöhnte mit sich selbst u. s. w.**" Die Wiederkehr der nämlichen **Haupt-Ausdrücke**, welche v. 18 gebraucht waren, giebt dieser Erläuterung einen feierlichen **Nachdruck**. Das gewichtig vorangestellte θεος, aber, auf ἐκ τοῦ θεοῦ v. 18 zurück sehend, zeigt, daß nicht eine Beschreibung, der *καταλλαγή* oder der *διακονία της καταλλάγης*, sondern **die Göttliche Selbstthätigkeit** in Christi Versöhnungswerke und in Verleihung des Amtes der Versöhnung die Pointe ist. Die beiden Paticipialsätze *μὴ λογιζόμενος* etc. und *καὶ θέμενος* etc. verhalten sich zu *θεὸς ἦν ἐν Χ. κόσμ. καταλλ. ἑαυτ.* **argumentativ**, so daß also die zur Erläuterung von *καὶ δόντος ἐν ἡμῖν* etc. den *καταλλάσσων* nicht **coordinirt** sind, sondern **subordinirt** etc. — *ὡς ὅτι θεὸς ἦν ἐν Χ. κόσμ. καταλλ, ἑαυτῷ*) **weil ja Gott in Christo weltversöhnend war mit sich selber.** Das *ἦν καταλλάσσων* gehört zusammen und ist nachdrücklicher als das blose imperf. Paulus will nämlich von Gott nicht einfach aussagen, was er **that** (*κατήλλασσε*), sondern in welcher Thätigkeit er **war**; in Christi Person und Werk (*ἐν Χριστῷ*) **war Gott in weltversöhnender Thätigkeit.** Das Imperf. erhält durch den Context die bestimte Zeitbeziehung: **als Christus den Versöhnungstod starb,** womit eben jenes *καταλλάξαντος* geschah — *κόσμον*) nicht **eine Welt**, sondern **die Welt**, auch ohne Artik. Es geht auf **das ganze menschliche Geschlecht** nicht etwa blos auf die **Prädestinirten.** Die Versöhnung **aller Menschen** geschah objectiv durch Christi Tod, obgleich die subjective Aneignung vom Glauben der Individuen bedingt ist, — *μή λογιζόμενος αὐτοῖς* etc.) **da er ihnen ihre Sünden nicht anrechnet** (Praesens) **und in uns niedergelegt hat** (Aorist) **das Wort der Versöhnung.** Ersteres ist das veränderte richterliche Verhältniß, in welcher Gott zu den Sünden der Menschen getreten ist und steht; Letzteres ist die von Gott getroffene Maasregel, vermöge deren Ersteres den Menschen kund gethan wird.

V. 20. *δεόμεθα ὑπὲρ Χριστοῦ* etc.) Inhaltsangabe der *πρεσβεία*, und zwar in der Form apostolischer Demuth und Liebe: **wir bitten für Christum,** in seinen Interesse, damit er den Zweck des gottlichen Sühnwerks nicht an euch verfehle: **werdet versöhnt**

mit Gott, vereitelt nicht durch Glaubensverweigerung der Versöhnung an euch, sondern bewirket durch Glauben, das die objectiv vollzogene Versöhnung subjectiv, vollzogen werde. Das **Subject** von καταλλάγητε sind **Alle**, an welche die evangelische Heilsaufforderung ergeht, mithin **die Ungläubigen**, die aber durch die Gesandten Christi zur Aneignung der Versöhnung gebracht werden sollen.

V. 21 ἁμαρτίαν ἐποίησε) Abstractum pro Concreto, das, wozu ihn Gott machte, stärker bezeichnend, und ἐποίησε drückt die **Herstellung des Zustandes** aus, in welchem Christus als Concretum von ἁμαρτία, als ἁμαρτωλός von Gott thatsächlig dargestellt wurde, indem dieser ihn der Erleidung der Todesstrafe unterwarf. Zu beachten aber ist, daß ἁμαρτία wie auch καταρα Gal. 3: 13 den Begriff der Schuld nothwendig in sich schließt; daß ferner **die** Schuld, als deren Träger Christus, von Gott zur Sünde und zu Fluch gemacht, erscheint, nicht seine **eigene** war (μὴ γνόντα ἁμαρτίαν), und daß daher die **Schuld** der Menschen, welche durch seinen Tod gerechtfertigt werden sollten von Gott, auf ihn **übertragen** war, mithin die Rechtfertigung der Menschen **imputativ** ist. Dieß zugleich gegen **Hofm.** Schriftbew. II. 1. p. 329, nach welchem P. blos ausdrücken soll, Gott habe Sünde **als Widerfahrniß** an Christo sich verwirklichen lassen, während sie als Verhalten nicht in ihm, aber als durch sein opfer zu sühnende **Schuld der Menschen** lag sie auf ihm, Rom. 3: 25, Kol. 2: 14, Hebr. 9: 28, 1 Petr. 2: 24, Joh. 1: 29 al., weshalb sein Leiden nicht unter dem Gesichtspunkte des **Widerfahrnisses**, Uebels u. drgl., sondern nur unter dem des **sühnenden Schuld und Strafleidens** die schriftmässige Betrachtungsweise findet. Vrgl. 1 Joh. 2, 2. — Wie das γίνεσται δικαιοσύνην θεοῦ den Menschen **imputativ** geschah, so ist auch Christo das ἁμαρτίαν ἐποίησεν αὐτόν **imputativ** geschehen. δικαιοσύνη θεοῦ) d. h. von Gott Gerechtfertigte.

Nicht: **Dankopfer**, nicht: ein vor Gott gerechtes, ihm **wohlgefälliges opfer**, sondern als δωρεὰ θεου (Rom. 10: 3). Die, welche jener apostolischen Bitte v. 20 widerstehen, sind dann diejenigen die τῇ δικαιοσύνῃ, τοῦ θεοῦ ουχ ὑπετάγησαν, Rom. 10: 3 — εν αυτω.) Denn **in Christo** nämlich in seinen Versöhnungstode (Rom. 3,25.) als causa meritoria ist unser Gerechtwerden ursächlich begründet.

Af dessa utdrag finner man, att Meyer öfwersätter ἦν καταλλάσσων både med **versöhnte** och **versöhnend war**, hwilket enligt hans förklaring här innebär detsamma. P. W. tyckes gifwa saken det sken, att Meyer öfwerensstämmer med honom, oaktadt denne är radikalt emot honom. Det war för mig en stor fröjd, då jag fann, huru Meyer enligt rätta förhållandet förklarar detta ställe. Det är synnerligen hjertstyrkande, när man finner, att ordet förklaras rent. Deremot är det högst ömkanswärdt, då menniskor med sjelf uppfunna qwinter och knutar wilja bortförklara ordets rätta mening och det är ännu bedröfligare, när sådana göra det, hwilka förut hyllat den rena läran, såsom t. ex. P. W. — Af versen 21:s förklaring finne wi ock att Ekmans förklaring är alldeles emotsatt det rätta, då han påstår, att **Guds rättfärdighet** här innebär wår egen werkliga rättfärdighet. Men då Kristus betraktas såsom syndare endast tillräknelsewis, så anses wi ock såsom rättfärdige inför Gud genom tillräknandet af Kristi rättfärdighet, hwilken tron omfattar. Guds rättfärdighet är i Kristo (ἐν ἀυτῷ). Derföre säger apostelen, Fil. 3: 8, 9, **Jag räknar det allt för skada** (nemligen min egen rättfärdighet) **mot den öfwerswinneliga min Herres Kristi Jesu, kunskap, för hwilkens skull jag aktar allt för skada, och räknar det för afskräde, på det att jag må winna Kristus och warda funnen i honom** (ἐν αὐτῷ), **icke hafwande min egen rättfärdighet** (μὴ ἔχων ἐμὴν δικαιοσύνην), **som kommer af lagen, utan** den som kommer genom tron på Kristus, rättfärdigheten af Gud genom tro (τὴν ἐκ θεοῦ δικαιοσύνην). Här skiljer apostelen tydligt emellan sin egen rättfärdighet (ἐμή eller ἰδία) och Guds eller Kristi rättfärdighet, som tillräknas oß, hwarom apostelen säger, att Gud tillräknar rättfärdigheten (λογίζεται δικαιοσύνην) utan gerningar. Rom. 4: 6. I Rom. 5: 18, 19 heter det: **Såsom för ens synds skull är fördömelse kommen öfwer alla menniskor, så kommer ock genom ens rättfärdighet lifsens rättfärdning öfwer alla menniskor; ty såsom för en menniskas olydnad äro månge wordne syndare; så warda ock för ens lydnads skull månge rättfärdige.** Genom Adams synd hafwa alla blifwit fördömelsewärda, men genom Kristi lydnad, hwarmed han uppfyllt lagen, warda wi rättfärdige. Ens lydnad gäller inför Gud, nemligen Kristi. Han är lagens ände till rättfärdighet för hwar och en som tror, och det är han i motsats till menniskornas egen rättfärdighet. Hwar och en bör således finna skilnaden emellan Pauli och Ekmans rättfärdiggörelse. Paulus förkastar sin egen rättfärdighet såsom ett afskräde och berömmer sig i Kristo allena. Han säger tydligt, att han härwidlag ej will weta af sin egen rättfärdighet. Men Ekman will påyrka raka motsatsen häraf, att wi nemligen i oß sjelfwa och icke i Kristo skola wara rättfärdige inför Gud.

Ännu gifwes det i N. T. äfwen några andra ord, hwilka beteckna försoning och återlösning, hwilka wi ännu skola korteligen betrakta. Ibland sådana ord kunna wi räkna ἀπολύτρωσις, λύτρωσις, hwilka egentligen beteckna löskåpande af krigsfångar genom en lösepenning eller löskåpning genom erläggande af en λύτρον. Dessa ord begagnas i den heliga skrift om erläggande af en lösen åt Gud till en försoning och återlösning från syndens skuld och straff. Det af Moses begagnade ordet kofer öfwersättes med λυτρόν. Det till döden förfallna subjektet blifwer genom en lösepenning frigjordt från skuld och straff eller försonadt. I Ps. 49: 8, 9 heter det: **kan dock en broder ingen återlösa, eller Gudi för honom lösen gifwa,** (hwilket H. M. Melin förklarar sålunda: från döden kan ingen friköpa sin broder, sin medmenniska; Herren allena kan återlösa, v, 9). **Det kostar för mycket att återlösa deras själ, så att man måste låta det anstå ewinnerliga** (ordagr.: för dyr är deras själs igenlösning,) v. 16 **Men Gud skall återlösa min själ utur helwetets wåld; ty han upptager mig. Sela.** I LXX öfwersättas dessa verser sålunda: *ἀδελφός οὐ λυτροῦται, λυτρώσεται ἄνθρωπος; οὐ δώσει τῷ θεῷ ἐξίλασμα ἑαυτοῦ* (lelohim kofro) *καὶ τὴν τιμὴν τῆς λυτρώσεως τῆς ψυχῆς αὐτοῦ* etc. v. 16 *πλὴν ὁ θεὸς λυτρώσεαι τὴν ψυχήν μου ἐκ χειρὸς ᾅδου, ὅταν λαμβάνῃ με.* Endast Gudamenniskan, wår Herre Jesus Kristus har kunnat återlösa oß, erlägga lösen eller försoning åt Gud (kofer, *ἐξίλασμα τῷ θεῷ*) och frälsa oß från helwetet. Och han allena har gjort det. Math. 20: 28; Marc. 10: 45, **Menniskones Son är icke kommen för att låta tjena sig, utan för att tjena och gifwa sitt lif till lösen för många** (*δοῦναι την ψυχὴν αὐτου λύτρον ἀντὶ πολλῶν*). Här står det! Kristi lif är en lösepenning i stället för många, det är: alla menniskor, såsom det äfwen heter, 1 Tim. 2: 5, 6, **En är Gud, en är ock medlaren emellan Gud och menniskor, menniskan Kristus Jesus, som gaf sig sjelf till en lösen för alla** (*ὁ δοὺς ἑαυτὸν ἀντίλυτρον ὑπὲρ πάντων*), **hwilket i sinom tid skulle förkunnas.** För alla menniskor är lösen erlagd åt Gud. Alla menniskor äro återlösta och försonade i Kristi död och genom hans utgjutna blod; derföre will Gud, att alla menniskor skola saliga warda och till sanningens kunskap komma; derföre låter han förkunna för werlden evangelium om den förloßning, som i Jesu Kristo skedd är. S:t Petrus angifwer lösepenningen, Kristi blod: **wetande, att I ären återlöste icke med förgäng-**

liga ting, utan med Kristi dyra blod (ἐλυτρώθητε τιμίῳ αἵματι Χριστοῦ), såsom med ett menlöst och obesmittadt lamms och i Apokalypsis sjunga de återlösta: Du har blifwit slagtad och har köpt oss åt Gud med ditt blod (ἠγόρασας τῷ θεῷ ἡμᾶς ἐν τῷ αἵματί σου). Ebr. 9: 12, Kristus har genom sitt eget blod en gång för alla ingått i det allra heligaste och funnit en ewig förlossning (διὰ τοῦ ἰδίου αἵματος, — — αἰωνίαν λύτρωσιν εὑράμενος). Hans blod är en ewigt gällande lösen, erlagd åt Gud till wår försoning och för erhållandet af syndernas förlåtelse för detta blods skull. Kristus har gifwit sitt lif till betalning i stället för många, hwilka alltså icke mera å sin sida behöfwa betala med sitt lif, utan äro befriade ifrån dödsdomen. Så är Kristi lif och blod koser försoning, ἐξίλασμα eller λύτρον, en försonande lösepenning. Detta uttrycker äfwen ordet ἀπολύτρωσις öfwerallt, hwarest Kristi blod uttryckligen är nämndt såsom medel för lösköpandet. Ef. 1: 7 och Kol. 1: 14, I hwilkom wi hafwe förlossning genom hans blod (τὴν ἀπολύτρωσιν διὰ τοῦ αἵματος αὐτοῦ) syndernas förlåtelse. Kristi död har skett till förlossning ifrån öfwerträdelserna (εἰς ἀπολύτρωσιν παραβάσεων) Ebr. 9: 15. Losköpning genom blod är således liksom frigörelse ifrån syndens skuld och straff. I denna mening tages förlossning äfwen i Rom. 3: 24 alla warda rättfärdiga utan förskyllan, af hans nåd, genom den förlossning (ἀπολύτρωσις) som i Jesu Kristo skedd är, hwilken Gud hafwer satt för en nådastol genom trona i hans blod (ἱλαστήριον διὰ τῆς πίστεως ἐν τῷ αὐτοῦ αἵματι). ἀπολύτρωσις kan betraktas såsom det objektiva och πίστις såsom det subjektiva medlet för rättfärdiggörelsen. Med anledning af Rom. 3: 24 anmärker Meyer: „Bei ἀπολύτρωσις ist der besondere Begriff Loskaufung nicht in den allgemeinen der Messianischen Befreiung umzusetzen, denn das λύτρον oder ἀντίλυτρον (Math. 20, 28; 1 Tim.

2, 6.), welches Christus leistete, um allen Glaubenden die Tilgung der Schuld und die δικαιοσύνη θεοῦ zu vermitteln, war sein Blut, welches das sühnende Opferblut war, und so als Aequiwalent die **Vergebung der Sünden**, d. i. das Wesen der ἀπολύτρωσις, bewirkte. S. v. 25, Ef. 1, 7; Kol. 1: 14, Ebr. 9, 15; Math. 20, 28; 1 Kor. 6, 20, Gal. 3: 13; 2 Kor. 5, 21. **Die Befreiung vom Sündenprincip** (von dessen Herrschaft) ist nicht das Wesen der ἀπολύτρωσις selbst, wohl aber ihre **Folge** durch den Geist, wenn sie im Glauben angeeignet ist (8, 2). Jede Auffassung, welche die Erlösung und Sündenvergebung nicht auf die wirkliche Sühnung durch den Tod Christi sondern subjectivirend auf das durch diesen Tod verbürgte und gewirkte Mitsterben u. Aufleben zurückführt, ist gegen das N. T., eine Vermengung der Rechtfertigung und Heiligung." Denna anmärkning är utmärkt bra. Meyer bewittnar, att den förblandning af rättfärdiggörelse och helgelse, som hyllas af **Nitzch, Hofm.** och andra, såsom äfwen just af P. W., strider emot det Nya Testamentet. Bra! Här uppdagas åter P. W:s skriftwidrighet!

För jemförelsens skull wilja wi här anföra några yttranden af komminister E. J. Ekman i hans broschyr: **Granskning af G. E. Beskows skrift Om försoningsnåden**, Stockholm, A. L. Normans Boktryckeri-Aktiebolag, 1876. Pag. 12 f. „Hwad som för ifrågawarande sak nu är wigtigt att märka är att det alls icke står att „Gud kräfde att skulden skulle betalas" — denna förlossning är ej en förlossning från Guds rättfärdighetskraf på betalning, utan en förlossning „**från wåra owänner och utur allas deras hand, som hata oß**" (Luc. 1: 71).

Pag. 24, 25: Wi wilja nu slutligen wända oß till 1 Joh. 2: 12, som så lyder: „Jag skrifwer till eder, mina barn, emedan synderna äro eder förlåtna för Hans namns skull". Här menar nu B. att „för Hans namns skull" betyder detsamma som att Gud genom Hans lidande fått betalning för sin fordran och på grund häraf kan förlåta. Det se wi på sid. 57 der det heter: „Jag skrifwer till eder mina barn, emedan synderna äro eder förlåtna för **Hans** (förespråkaren hos Fadren Jesu Kristi) **namns skull.** — Wi wilja då fråga: 1:o) huru wet B. det att „för Hans namns skull“ har den betydelsen? När Jesus i Matth. 19: 29 säger: „hwar och en som hafwer öfwergifwit hus — — — för mitt namns skull“, eller när Petrus i 1 Ep. 4: 14 säger: „Om I för Kristi namns skull blifwen försmädade, salige ären I“, månne wi ock då få tolka „för Hans namns skull“ i den ofwan angifna betydelsen? Nej, skulle wisserligen B. swara; ty der betyder „för Hans namns skull“ det samma som „för eder tros skull på Kristus“. Men då frågas, huru wet B. att orden i 1 Joh. 2: 12 betyda annorlunda? Är det icke det enklaste att orden ock här få hafwa qwar samma betydelse som öfwer allt eljest, då meningen ock blir öfwerensstämmande med öfrigt Guds ord; ty då utsäger Apostelen ingenting annat än att synderna äro dem förlåtna, derföre att de i tron wändt sig till Jesus, ty det säger Petrus i Ap. G. 10: 43: „att hwar och en som tror på Honom, han skall få syndernas förlåtelse genom hans namn.“

Pag. 25, 26: Att wi ock hafwa förlossning från straffet, det är klart, men dock endast genom att wi blifwa förlossade **från sjelfwa synden**, ty der orsaken är borta, der är ock följden borta. — Ja, det stora uppdraget hade wår himmelske brudgum att frälsa oss från wåra fiender och ställa oss helige, ostraffelige och obesmittade i Guds åsyn; men under tiden, innan wi hunnit målet, äro wi rättfärdige genom syndernas förlåtelse, då wi i wår nöd wända oss till Honom, som fått den magten af sin Fader att **förlåta synder**; ja, werkligt **förlåta** — ej först betala och — sedan förlåta — nej, **förlåta synder.**“ Så lärer herr Ekman!

Af dessa Ekmans yttranden finna wi nu, hurudan uppfattning han har af förloßningen. Han påstår, att Gud ej kräft, att wår skuld skulle betalas, och att Kristus således icke kommit för att betala wår syndaskuld. Wi hafwa icke förloßning ifrån straffet genom ett erlagdt strafflidande. Wi befrias från straffet endast på det sättet, att synden kommer bort, d. w. s. derigenom att wi upphöra att synda. Gud eftergifwer således straffet och förlåter synden, blott man upphör dermed. Han fordrar ingen betalning eller tillfyllestgörelse. Oaktadt han i sin lag hotar med straff och förbannelse, upphäfwer han dock sjelf dessa hotelser utan något widare, samt förklarar, att han förlåter synderna och icke är så nogräknad. Kristus har blifwit sänd endast för att förlåta, ej för att betala. Han kungör endast Guds nåd och förlåter å Fadrens wägnar. Menniskorna få wända sig till honom, som fått det embetet att förlåta. Derigenom att dem meddelas förlåtelse få de kraft att öfwergifwa synden, de bli befriade från syndens herrawälde, djefwulen och döden. Sålunda uppfattas ἀπολύτρωσις ej såsom en återlösning, som skett en gång för alla derigenom, att Guds son gifwit sitt lif och blod till lösen i wårt ställe och sålunda förwärfwat oß syndernas förlåtelse. Förloßningen är ej något afslutadt, utan den pågår ännu i dag allt eftersom syndare wända till Jesus och genom honom befrias från syndens herrawälde. Derföre wågar herr Ekman förklara, att synderna icke alls förlåtas för Kristi och hans namns skull, utan att synderna blott förlåtas derföre, att man i tron wänder sig till Jesus. Synderna förlåtas således för wår tros skull och icke för Kristi blods skull och hans dyra förtjenst. Jesu död och blod äro blott bewis derpå, att han, Gud gifwit honom hit för att förlåta och att han, då han kom hit i det ärendet, war så kärleksfull, att han till och med gerna led den död, som onda menniskor tillfogade honom. Men ingen återlösning har han i sin död åstadkommit, ingen lösen har han erlagt, ingen förlåtelse har han förwärfwat, han har ej dyrt köpt oß, hans blod har ej förtjent åt oß syndernas förlåtelse, från lagens förbannelse, syndens skuld och straff har han ej friköpt oß. Intet lidande af syndens straff och tillfyllestgörelse erfordras. Allt förlåtes deßförutan. Äfwen Luther åberopas såsom hyllande en sådan lära, men då lösen förkastas anser Luther en sådan förlåtelse för idel spegelfäkteri, hwilket wi kunna inhemta af hans predikan på midfastosöndagen i Epistelpostillan, hwilken predikan hwar och en må uppslå och begrunda

Fråga wi nu, hwarifrån Kristus genom blodbetalning löskäpt oß, så swarar derpå Ef. 1: 7 från **syndaskulden,** ty der säges, att wi derigenom ha syndernas förlåtelse. Så heter det ock Rom. 3: 24 att wi warde rättfärdige, det är, få syndernas förlåtelse genom den förloßning, som i Jesu Kristo skedd är. Wi befrias äfwen från syndens straff; och först sedan från syndens och djefwulens herrawälde. Det medgifwes gerna att ordet *ἀπολολύτρωσις* i och för sig då det står ensamt äfwen har en widsträcktare betydelse nemligen befrielsen från allt ondt.

I jemnbredd med *ἀπολύτρωσις* i betydelse af löskäpning begagnas ordet *ἀγοράζειν* och *ἐξαγοράζειν*. I 1 Kor. 6: 20 och 7: 23 försäkrar apostelen: **Iären dyrt köpte** (*ἠγοράσθητε τιμῆς*)! Hwarifrån äre wi då köpte? **Från lagens förbannelse.** Gal. 3: 13, 14, **Kristus har friköpt oß ifrån lagens förbannelse** (*ἡμᾶς ἐξηγόρασεν ἐκ τῆς καταρας τοῦ νόμου*), **då han wardt en förbannelse för oß, ty det är skrifwet: Förbannad är hwar och en, som hänger på träd, på det att Abrahams wälsignelse skulle tillfalla hedningarne i Kristus Jesus, och på det att wi genom tron skulle undfå Andens löfte.** Nu påstår P. W. att ordet oß innebär allenast de troende, att blott de äro friköpte, men icke alla menniskor. Men apostelen förklarar ju tydligt, att Kristus friköpt oß, på det att åfwen hedningarne skulle få Abrahams wälsignelse och genom tron Andens löfte. Således har friköpningen owedersägligen föregått tron. Widare påstå wåra motståndare, att friköpningen icke skedde, då Kristus hängde på korset, men just då war han ju en förbannelse och det skedde då just för oß. Widare äre wi köpte ifrån Guds **wrede** (ὀργὴ θεοῦ,), som icke blott här hwilar öfwer menskligheten, utan åfwen i tillkommande tid blifwer uppenbar. **Genom Kristus warda wi frälste ifrån wreden** Rom. 5: 9. **Wi wänta Guds Son ifrån himmelen, hwilken han har uppwäckt ifrån de döda, Jesus, som frälsar oß ifrån den tillkommande wreden** (ῥυόμενον ἡμᾶς ἀπὸ τῆς ὀργῆς τῆς ἐρχομένης). Wi äre köpte från **döden**, emedan lagens fördömelse dom är utförd. Rom. 5: 17, 21. Utom från syndens **skuld** och **straff** äro wi åfwen köpta från **syndens och satans herrawälde**. Tit. 2: 14, **Kristus har utgifwit sig sjelf för oß, på det han skulle förlossa oß ifrån all orättfärdighet** (ἵνα λυτρώσηται ἡμᾶς ἀπὸ πάσης ἀνομίας) **och rena åt sig sjelf till ett egendomsfolk, som beflitar sig om goda gerningar.** 1 Petr. 1: 18, Ap. G. 26: 18 och Kol. 1: 13. Kristus hafwer uttagit oß från mörkrets wälde, oaktadt detta moment, då det är fråga om den omedelbara werkan af ἀπολύτρωσις i rättfärdiggörelsen, icke framhålles.*) **Wi äre köpte till Guds egendom och barnaskap.** Ef. 2: 19; 1: 14 och Gal. 4: 4, **Då tidtn war fullkomnad, sände Gud sin Son, född af qwinna, underkastad lagen, på det han skulle friköpa dem, som woro under lagen** (ἵνα τοὺς ὑπὸ νόμον ἐξαγοράσῃ), **att wi skulle undfå barnaskapet.** Wi äre förwärfwade med ett pris,

---

*) Jemför Commentar über den Brief Pauli an die Römer von Friedrich Adolph Philippi, Doctor und ord. Professor der Theologie zu Rostock 3:te Auflage Frankfurt a. M. 1866.

som Gud till wår försoning bestämt, nemligen Kristi blod. (Math. 26: 28 Rom. 3 24 f. 2 Kor. 5: 18 ff. Ef. 1: 7, Apok. 5: 9, till hwilka alla ställen kan ses förklaring af Meyer). Paulus betygar tydligt Ap. G. 20: 28, att **Herren har förwärfwat sig församlingen med sitt eget blod** (ἣν περιποιήσατο διὰ τοῦ αἵματος τοῦ ἰδίου). Såsom wi sett utropar han i 1 Kor. 6: 20 och 7: 23, **I ären dyrt köpte!** τιμῆς för ett **pris**, såsom motsats till en återlösning utan lösen. Nu förnekar waldenströmianismen, att Kristus erlagt lösen för oß för att köpa oß från Guds wrede och lagens förbannelse. Det dyra priset förkastas. Herr Ekman sade ju tydligt, att Kristus icke kommit för att betala, nej, utan blott för att förlåta. Och en insändare i **Wittnet** 1877 p. 123 utropar: „Hör! nåden war **intet** köp, utan en **gåfwa**. Förlåtelse war icke grundad på en föregående betalning.“ Så förkastas lösen uppenbart rakt i strid emot Guds heliga ord. Intet köp! Således har icke Kristus köpt oß. Samme *Fr* yttrar åfwen i samma häfte af **Wittnet** pag. 125: „Nu har Gud icke afstraffat wåra synder på sin Son, och derför straffar han den ene här, den andre der, än med ett, än med ett annat.“ Sedan frågar han helt naivt: „Men hwart tar det då wägen med Luther och Rosenius med flere anderika fäder, som lärde, att synden afstraffades på Kristus?“ Hwarföre frågar han icke äfwen efter Esaias, Petrus, Paulus och alla Guds män, som skrifwit de heliga skrifterna, i hwilka tydligen wittnas om Kristi lidande och död i wårt ställe samt att han köpt oß med sitt blod. Nej, han påstår bestämdt p. 122 att Kristi lidande icke war ett strafflidande, och då är det uppenbarligen falskt att tala derom, att Kristus köpt nåd, syndernas förlåtelse, barnaskap o. d. af Gud åt oß.“ (Hör! hör!) Men — inwänder han sedan sjelf p. 125: „sådant tal går ju alltid ut på att rycka under oß wåra swåraste stöd, nemligen att Gud är försonad, att synden är borttagen, att skulden är betald, att Kristus har lidit straffet i wårt ställe o. s. w." Han swarar ock sjelf med den yttersta fräckhet: "I sanning — hade wi ej säkrare stöd, då wore det wißt förtwifladt med wår frälsning. Nej, wår trygghet ligger deri, att Gud icke behöfde försonas, att han förlåter synder och renar af all orättfärdighet, att han aldrig kräfde någon betalning." Kunna några mera hjertslitande ord uttalas emot wår Herres och Frälsares Jesu Kristi dyra återlösningswerk?! Må hwar och en stanna och begrunda, hwad som här wågas påstå. Gud är ej försonad, han behöfde ej ens försonas, synden är icke borttagen, skulden är ej betald, Kristus har ej lidit straffet i wårt ställe. Genomgår oß icke en rysning, då wi höra sådana antikristiska läror! Det är ju hädiskt taladt om Kristi bittra pina och död. Den som ej här märker den waldenströmska grundwillfarelsen, kan man anse den för en evangelisk kristen? Jag nödgas offentligen bekänna, att jag på det högsta afskyr sådana läror, hwilka i grund förneka Kristi dyra förtjenst. Dem, som hylla och sprida sådana läror, kan jag ej betrakta såsom kristna. Har det ej gått dem, såsom Luther skrifwer, att de göra ett fall såsom Lucifer samt förlora Gud och allt!

Dock — S:t Petrus förutsäger, 2 Ep. 2: 1, 2, **Men äfwen falske profeter uppstodo ibland folket, likasom äfwen ibland eder skola uppstå falska lärare, som skola insmyga förderfliga partier, förnekande till och med den Herre, som har köpt dem** (*τὸν ἀγοράσαντα αὐτοὺς δεσπότην ἀρνούμενοι*), **dragande öfwer sig sjelfwa ett snart förderf. Och många skola efterfölja deras lösaktighet, och för deras skull skall sanningens wäg blifwa försmädad.** Här förutsäges tydligt, hwad de falske profeterna hufwudsakligen förneka: jo återlösningswerket. De förneka den Herren, som dem köpt hafwer; de neka, att Kristus betalt en lösepenning för dem, att han gifwit sitt blod till en betalning för wåra synder.*) Då P. W. jemte anhängare neka att Kristus betalt för oß, så höra åfwen de tydligt till dem, som förneka den Herren, som dem köpt hafwer. P. W:s willfarelser bestå för det mesta af negationer. Med obegriplig djerfhet förnekar han, hwad som tydligt står skrifwet. Det heter, att irrlärarene föra öfwer sig sjelfwa en hastig fördömelse. De skada mest sig sjelfwa. Det är en förfärlig fördömelse, som kommer öfwer sådane, som förderfwa dem, för hwilka Kristus hafwer lidit döden. De äro helt lugna, men få helt oförmodadt fördömelsens dom, ty med Guds ord får man ej leka; det får man ej förklara, huru helst man will. Det är ju alldeles fasligt att förwränga den helige gudens eget ord. Och dock skola många efterfölja deras förderf. Många anamma deras ogudaktiga, antikristiska lära och råka med dem i det ewiga förderfwet. Wißt borde hwar och en wakna i tid och se sig före, så att man icke så lättsinnigt må rusa i förderfwet efter sådane uppenbare willoandar. Apostelen warnar, Ef. 4: 14, att wi icke mer skola wara barn, drifne och kringförde af allehanda lärdomswäder, genom menniskors falska spel genom illfundig lockelse till willfarelsens försåt, utan hållande oß till sanningen, wåra till i

---

*) Meyer: „Unter δεσπότην ist h. Christus gemeint; der Verf. nennt ihn so, um hervorzuheben, daß sie leugnen, daß Jesus der **Herr** sei; nachdrucksvoll ist ἀγοράσαντα αὐτοὺς hinzugefügt: sie verleugnen den Herrn, der sie **„gekauft“** d. i. sie durch Zahlung eines Kaufpreises erworben hat; es wird dadurch nicht nur das verwerfliche des ἀρνεῖσθαι stärkes hervorgehoben, sondern auch angedeutet daß sie die bezeichnete That Christi, durch welche er ihr Herr geworden ist, leugnen vrgl 1 Kor. 6, 20. 7, 23 Off. Joh. 5; als Kaufpreis ist das Blut Christi zu denken. Durch ἑαυτοῖς wird markirt daß sie nicht nur Anderen, sondern **sich selbst** eine ἀπώλεια bereiten. Zu ταχινήν inopinatam et inexpectatam; das Verderben wird **plötzlich**, ehe sie dessen versehen über sie kommen.“

all stycken i honom, som hufwudet är, Kristus. Men mången är så förhärdad, att inga warningar mera werka, utan de fortfara att jemte sina förförare smäda sanningens wäg, evangelii sanna lära. Kan man tänka sig något förfärligare?!

I Ebreerbrefwets 10 kap. heter det, att wi blifwit helgade genom Jesu Kristi kropps offer en gång för alla. Han har offrat ett enda offer för syndarene. Med ett enda offer har han för alltid fullkomnat dem som helgade warda. Då wi således, heter det widare, hafwa frimodighet till att genom Jesu blod ingå i det allra heligaste, hwartill han åt oß inwigt en ny och lefwande wäg genom förlåten, det är, genom sitt kött och då wi hafwe en Öfwerstepresi öfwer Guds hus, så låtom oß framgå med ett sannskyldigt hjerta, i en fullkomlig tro, bestänkte i wåra hjertan från ett ondt samwete, och till kroppen twagne med rent watten. Låtom oß oryggligt fasthålla hoppets bekännelse, ty han är trofast, som har gifwit löftet. Och låtom oß akta den ene på den andre för att uppmuntra till kärlek och goda gerningar, icke öfwergifwande wår församling såsom somlige för sed hafwa, utan förmanande hwarandra, och detta så mycket mer, som I sen huru dagen nalkas. Redan då fanns det sådane, som öfwergåfwo den kristtrogna församlingen, emedan de ansågo sig bättre förstå den kristna läran. Så finnes det ock ännu sådana beklaganswärda menniskor, som förkasta kristendomens grundläror. I synnerhet tyckes det, att Ebreerbrefwets författare påpekar sådana, som ringa akta Guds Son och den betalning han erlagt med sitt blod samt sålunda förkasta det enda giltiga offret och sjelf få bära sina synder. Detta framgår af det följande: Ty om wi uppsåtligen synda, sedan wi fått sanningens kunskap, så står oß intet offer igen för synderna, utan en förskräcklig domens förbidan och eldens nit, hwilken skall förtära motståndarena. Om wi förkaste sanningens kunskap och förkaste Kristi blodiga offerdöd såsom en betalning åt Gud, då finnes intet annat offer för synderna, utan wi måste såsom Kristi motståndare råka under en förskräcklig dom. Det är ej godt att komma inför Gud utan erlagd lösen och utan en fullkomlig rättfärdighet, som allenast finnes i Kristo. Emellertid går hela waldenströmianismen just ut på att förkasta Kristi ställföreträdande offer och att ställa oß nakna och utan förswar inför den öfwer synden wredgade Guden. Här finner man, hwad slutet blir af sådant. Eho som bryter Moses lag, han måste, på twå eller tre wittnens intyg, utan barmhertighet dö. Huru mycket wärre straff, menen I, skall då icke den anses förtjena, som förtrampar Guds Son och för orent aktar testamentets blod, genom hwilket han har blifwit helgad, och som försmådar Nådens Ande? Ty wi känna den, som sade: Min är hämnden: jag skall wedergälla, och åter: Herren skall döma sitt folk. Det är gräsligt att falla i lefwande Guds händer. Redan det att bryta emot lagen förtjenar straff, så mycket mera förtjenas straff, då man strider emot och förkastar Kristi evangelium. Den som förtrampar Guds Son och anser, att han ej behöfwes för att försona oß med Gud och för att blidka hans wrede, den drager öfwer sig ett gräseligt straff. Och en sådan faslig lära är nu på modet, då man wågar påstå, att Kristus icke med sitt blod försonat Guds wrede och förtjenat oß syndernas förlåtelse, att han ej lidit straffet i wårt ställe. Då får man sjelf erfara Guds förfärliga wrede öfwer synden och sjelf bära straffet ewinnerligen. Man driftar komma inför Gud utan medlare. Men det heter, att Gud är en förtärande eld. Man wågar anse Testamentets blod såsom sådant, att det ej werkar syndernas förlåtelse; man wågar offentligen påstå, att synderna ej förlåtas för Kristi namns skull; wißt aktar man ju då Kristi dyra återlösningswerk ringa; wißt föraktar man då blodet, som blifwit utgjutet till syndernas förlåtelse, och hwarigenom alla blifwit på Kristi kors helgade till och med försmådarene sjelfwe. Genom hwilket han ock blifwit helgad, heter det. Kristus har dött för alla till och med för dem, som förkasta den Herre, som åfwen köpt dem med sitt dyra blod. Men icke nog dermed att den Herren förnekas, som köpt oß, utan ännu försmådar man nådens Ande. Man hädar och försmådar den rena lära, som finnes i bibeln och hwarigenom den helige Ande sjelf talar. Det har på det djupaste smärtat mig och säkerligen åfwen alla andra kristna, då wi förnummit, huru P. W. och E. m. fl. försmådat och hånat de wigtigaste och tydligaste läror, som finnas i Guds ord; och dock djerfwas de försäkra, att de ha skriften på sin sida, att de följa det, som står skrifwet, men att hela den evangeliska kyrkan med Luther i spetsen far wilse i de allra wigtigaste frågor angående wår salighet. De wåga påstå, att Kristi dyra blod och hans död i wårt ställe icke är någon grund för wår salighet. De försäkra, att de ha en bättre grund och säkrare stöd än Kristi förtjenst. „Wår trygghet ligger deri", säga de, „att Gud ej behöfde försonas, att han aldrig kräfde någon betalning." Men då wi med sådan trygghet komma inför Gud, och wåra synder äro ej betalda, utan wi hafwa förkastat lösepenningen, Kristi blod och hela hans förtjenst, så få wi sjelfwa swara för oß, och då kan ej förestå oß något annat än ewig fördömelse. Min är hämnden, säger Herren; jag skall wedergälla; och åter: Herren skall döma sitt folk. Det är gräsligt att falla i lefwande Guds händer. Så går det med en sådan trygghet, för hwilken Gud oß alla nådeligen beware. Man tror, att Gud ej räknar så noga, men han är dock helig och rättfärdig, och we, we den, som utan Kristi blod och förwärfwade rättfärdighet wågar träda inför den dömande Guden. Det läre wi af denna förmaning, som wi nu betraktat. Måtte den åfwen af oß alla allwarligen behjertas. Det förläne Gud oß alla, alla. Amen!

Allt hwad oß Adam i fallet ådragit,
Allt är nu botadt af „Qwinnones såd“.
Lammet har werldenes synder borttagit,
Då, — på den dagen, — Han dog uppå träd.
Han, som war ren,
Gjort det allen,
En dog för alla, och alla i En.

„Si, min lekamen och blod jag för eder
Till edra synders förlåtelse ger“,
— Sjelf Han ju sade — och bjuder och beder:
Tager det, låter det gälla för er.
Allt hwad jag gör,
Lider och dör,
Gör jag för eder, för eder, ack hör!“

„Om edra synder än blodröda wore,
Skola de likwäl snöhwita bli här.“
O, ja, — det blodet af Herren den Store
Tusenfallt mera än synden dock är.
Tänk, när Guds Son,
Sjelfwa Guds Son,
Lider och dör till de fallnas förmon!

O, I lättsinnige själar som tagen
Nu öfwer Golgatha lättaste språng,
Trampande blodet och trotsande lagen,
O huru swårt er skall blifwa engång,
Möta Hans syn
Herrlig i skyn,
Hwilken I stungit, föraktat och flyn.

Wärdes, o Jesu, för syndare alla
Wisa dig så i din martergestalt,
Att de, förkrossade, strax nederfalla,
Söka och finna wid korset sitt allt.
Uslaste träl
Dock är en själ,
Hwilken Du köpt med ditt blod likawäl.

Hjelp oß att hålla det ewigt tillräckligt,
Att du har dött för hwarendaste själ.
Tweka och twifla på det, är förskräckligt,
Trampa Guds Son och sjelfwilligt bli träl.
Nej, det är nog:
Frälsaren dog!
Ewigt för alla tillräckligt och nog!

(N—s.)

B) Om försoningens följder.

Med den heliga skrifts wittnesbörd har jag i förra delen af denna afhandling sökt att wederlägga den waldenströmska uppfattningen af försoningen och jag har med Guds nådiga hjelp kommit till det resultat, att lektor P. Waldenströms lära icke öfwerensstämmer med den heliga skrifts lära, utan i ytterst wigtiga punkter är stridande deremot. Åtminstone har jag blifwit stadfästad i min öfwertygelse, att wår evangeliskt lutherska kyrka lärer i enlighet med skriften, men P. W. i de wigtigaste punkter twärt deremot. Min polemik emot P. W. är nu således i hufwudsak, hwad försoningen beträffar, afslutad. Det har redan warit fråga om grunden för wår salighet med afseende å deß förwärfwande, jag beder blott ännu att i största korthet få påpeka närmaste följderna af Kristi fullbragta försoning samt den olika lifsutweckling, som blir en följd af de hwarandra motsatta uppfattningarna, om hwilka här warit fråga. Och beder jag här, att först få anföra biskopen d:r C. O. Björlings ord i deß skrift: **Den Christeliga Dogmatiken enligt lutherska kyrkans bekännelseskrifter.** Andra delen. Stockholm 1875 pagg. 178, 179:

Med anledning af ofwanstående består Christi tillfyllestgörelse (satisfactio vicaria) deruti att Christus, i de syndiga menniskornas ställe, genom sitt lidande och sin död led syndens straff och genom sin lydnad uppfyllde Guds heliga lag; och har han derigenom **försonat** Gud eller blidkat hans wrede i det han tillfredsställt Guds helighet och rättfärdighet. Derför påstå wi med wåra äldre dogmatici, att denna tillfyllestgörelse är i sig sjelf fullt tillräcklig och tillfredsställande (sufficientissima et consummatissima).

Om wi här, wid den punkt af wår afhandling, på hwilken wi nu befinna oß, wilja wisa återlösningens förhållande till försoningen, så finna wi att återlösningen eller menniskans befrielse från synden och deß följder, förutsätter att en **lösepenning** eller godtgörelse måste gifwas åt Gud, hwarigenom hans helighet och rättfärdighet tillfredsställas. Denna lösepenning kan ej wara någon annan än Christi görande och lidande lydnad, således detsamma som wi funno wara försoningens wilkor. Den första följden af denna lösepennings utgifwande måste wara den, att Gud genom sin helighets och rättfärdighets tillfredsställande blifwit försonad eller blidkad, så att hans wrede upphört; ty Guds kärlek kan ej befria menniskan från synden och deß följder förr än Gud blifwit försonad, i annat fall skulle hans kärlek strida mot hans helighet. Grunden till allt saligt, som återlösningen medför, är derför den, att Gud genom lösepenningens utgifwande blifwit försonad.

Fortgå wi sedan i wår undersökning till **försoningens följder**, så finna wi att följden deraf att Gud blifwit försonad eller hans heliga wrede blifwit blidkad genom Jesu Christi tillfyllestgörelse måste wara att Gud **förlåter menniskorna deras synder** eller anser dem såsom fria från syndens skuld och straff, i det att Christi lidande och död i menniskornas ställe är ett fullgiltigt straff för deras synder och Christi lydnad ett fullkomligt uppfyllande af lagen i deras ställe. Af det som förr blifwit sagdt, nämligen att Christi strafflidande, såsom ett fullgiltigt offer för synderna, tillika är laglydnad samt att det ej kunde wara det förra utan att wara det senare, följer att syndaförlåtelsen, som uppkommer genom tillräknandet af Christi lidande och död, ej finnes utan **rättfärdigförklarandet**, som uppkommer genom tillräknandet af Christi laglydnad; och då wi tillika sett att för Christus, såsom lagens herre, ingen laglydnad finnes, som ej tillika är ett lidande, så följer deraf att rättfärdigförklarandet ej kan finnas utan syndaförlåtelse. Huru nära med hwarandra förenade syndaförlåtelsen och rättfärdigförklarandet äro synes ock deraf, att i den förra ingår förlåtelse ej blott för peccata commissionis utan äfwen för peccata omissionis, samt att i rättfärdigförklarandet äfwen ingår att straffet för den begångna synden skall lidas. Dock anse wi att syndaförlåtelsen och rättfärdigförklarandet kunna och böra för begreppet skiljas från hwarandra. I dessa båda, eller, rättare sagdt, i hwilkendera af dem som helst inbegripas alla öfriga härliga förmåner, som genom Christi försoning blifwit hos Gud åt menniskan förwärfwade. Sålunda säga wi att med syndaförlåtelsen följa **rättfärdighet, barnaskap och frid, lif och salighet i Guds rike.**

Widare beder jag att få anföra några tänkwärda ord ur **Anders Nohrborgs** postilla från predikan på Nyårsdagen. „Wi wilje särskildt märka: först hwad frukt wi hafwe af Jesu lidande lydnad, eller hans pina och död; och sedan hwad nytta oß tillfaller af hans görande lydnad, eller hans laguppfyllelse. Hwad det första widkommer, nemligen **frukten af Jesu lidande och död**; så finnes densamme ganska tydligen utmärkt i Gamla Testamentets skuggor och förebilder, då offren och deras blod på ett förebildande wis tillegnas en **försonings-kraft**, hwarigenom synderna blefwo **förlåtne**, och den offrande sålunda renad, befriad och förlossad både ifrån syndens skuld och deß straff. — — — Och efter wi sjelfwe efter fallet icke kunde fullkomligen hålla lagen; så har nu Jesus gjort det i wårt ställe, hwilket i rättfärdiggörelsen oß tillräknas till rättfärdighet. Således är då frukten af Jesu lags uppfyllelse eller görande lydnad den, att han derigenom förwärfwat oß rättfärdighet, hwarigenom wi kunna ingå i himmelen. Derföre säger ock apostelen Paulus: för ens, nemligen Jesu Kristi lydnads skull warda många rättfärdige. På ett annat ställe: Kristus är gjord lagen underdånig, att wi skulle få barnaskapet. På ett annat ställe: Då Kristus wår Öfwersteprest fullkommen wardt, blef han allom dem, som honom lyda, en orsak till ewig salighet."

Rohrborg och Björling angifwa rätt den närmaste följden af Kristi fullbragta försoning, nemligen syndernas förlåtelse, att Gud för Kristi skull är försonad och förlåter menniskorna deras synder samt erbjuder och meddelar dem Kristi rättfärdighet, hwilken med tron anammas. Detta förebildades redan genom offerhandlingarne i det Gamla Testamentet. Om någon enskild i Israel hade försyndat sig, så skulle han bära fram för ett offer en get utan wank, för synden, som han gjort hafwer, och skulle lägga sin hand på syndoffrets hufwud, och slagta det på bränneoffrens rum. Och presten skulle taga af blodet med sitt finger och stryka på hörnen af bränneofferaltaret. Och alltså skulle presten försona denna själ, och det wardt henne förlåtet. Om en hel menighet i Israel försåg sig, skulle de hafwa en ung stut fram till syndoffer. Och alltså skall presten försona dem, och det warder dem förlåtet. Se 3 Mos. 4. Försoningen skedde genom offret, som förebildade Kristi offer, och synden wardt derigenom förlåten. Så förlåtes synden ännu för Kristi offers skull. Gud förlåter alla synder för Kristi döds och blods skull. Han är en gång för alla blidkad och försonad. Detta förebildades ganska tydligt med offret på den stora försoningsdagen, hwarom talas i 3 Mos. 16. Der heter det ibland annat, att Aron skulle taga utaf menigheten af Israels barn twå getabockar till syndoffer, och en wädur till bränneoffer, och ställa fram de twå bockarne för Herren och kasta lott öfwer dem; den ena lotten Herranom och den andra fribockenom, och skall offra den bocken till ett syndoffer, på hwilken Herrens lott föll. Sedan skall han hafwa fram den lefwande bocken och skall då lägga båda sina händer på hans hufwud, och **bekänna öfwer honom alla Israels barns mißgerningar, och alla deras öfwerträdelser i alla deras synder**, och skall lägga dem på bockens hufwud, och låta honom löpa genom någon mans hjelp, som för handen är, i öknen, att bocken skall **bortbära alla deras mißgernigar** på sig uti wildmarken. Men den, som förde fribocken ut, skulle twå sina kläder och bada sitt kött med watten, och sedan komma igen i lägret. Och skall detta för eder wara en ewig rätt, sade Herren. På tionde dagen i sjunde månaden skolen i späka edra kroppar, och ingen gerning göra, ware sig inländsk eller utländsk ibland eder; förty på den dagen sker, eder försoning (jekapper alekem, ἐξιλάσεται περὶ ὑμῶν), så att I warden rengjorde; ifrån alla edra synder warden I rengjorde för Herranom. Det skall wara eder en ewig rätt, att I försonen Israels barn af alla deras synder ena reso om året. Här talas nu om, huru alla Israels barn på en dag af året försonades från alla sina synder, så att de alle wordo rene, och fingo förlåtelse, ty alla deras synder buros af fribocken, på hwilken de af öfwerstepresten bekändes. Så har Kristus på en dag påtagit sig och burit hela werldens, alla menniskors synder, hwilka blefwo honom tillräknade samt har sålunda försonat alla med Gud och rengjort dem af deras synder. Han är allas frälsare, icke allenast Judarnes utan äfwen hedningarnes, derföre skulle icke allenast den inländske utan äfwen den utländske fira denna sabbat, så att de fingo ingen gerning göra. Kristus har trampat winpråssen allena. Han har allt fullkomnat. För att få syndernas förlåtelse, warda rengjorde och salige behöfwa wi intet göra, utan endast annamma den förloßning, som i Kristo ena reso skedd är. Derföre hette det, då Petrus twekade att predika evangelium för hedningarna: **Det Gud hafwer rent gjort, det behöfwer du icke kalla menligt.** Ap. G. 10: 15. Allas synder äro borttagne; alla äro rene gjorde inför Gud genom Kristi en gång för alla utgifna offer, som ewinnerligen gäller. Profeten Esaias bedyrar: Sannerligen han bar wår krankhet, och lade uppå sig wår sweda. Han är sargad för wåra mißgerningars skull och slagen för wåra synders skull; näpsten ligger uppå honom, på det att wi skulle frid hafwa och genom hans sår äro wi helade. Wi gingo alle uti willfarelse såsom får; hwar och en såg uppå sin wäg; men Herren kastade allas wåra synder uppå honom. Es. 53: 4—9. Dina, mina och all werldens synder äro kastade på Kristus. Han led straffet för dem och dog ena reso såsom en förbannelse på korsets träd. För hans skull förlåter Gud alla menniskor deras synder. Derföre heter det med afseende å det nya förbundet: Jngen skall lära den andra, icke en broder den andra, och säga: känn Herren; utan de skola alle känna mig, både små och store, säger Herren; ty jag will förlåta dem deras mißgerningar, och aldrig komma deras synder mer i håg. Jer. 31: 34. Gud försäkrar här sjelf, att han will förlåta alla mißgerningar, så att han ej mer will komma i håg dem, sedan de en gång alla äro fulleligen betalde. Derföre försäkrar han ock: Jag will göra mitt förbund med dig, att du förnimma skall, att jag är Herren; på det du skall tänka derpå, och skämmas, och för skams skull icke djerfwas uppläta din mun, **när jag dig förlåtandes warder a l l t det du gjort hafwer**, säger Herren, Herren. Hes. 16: 62, 63. Ett synnerligen märkwärdigt wittnesbörd angående den en gång för alla i Kristi död förwärfwade syndaförlåtelsen och rättfärdigheten utgör Daniels profetia: Sjutio weckor äro bestämda öfwer ditt folk, och öfwer din helga stad: **så skall öfwerträdelsen blifwa** förtagen och synden betäckt, och mißgerningen försonad (τοῦ ἐξιλάσασθαι ἀδικίας), och den ewiga rättfärdigheten framhafd, och synen och profetien beseglad och den allrahelgaste smord. Att detta har afseende på den förloßning, som skett, då Kristus dog, är otwifwelaktigt. Ty här talas i ett sammanhang uttryckligen derom, att Kristus skall dödad warda. Det talas om en wiß tidpunkt, då detta allt sker. Då Kristus dog på korset, tog han bort synderna; de blefwo en gång för alla försonade och betäckta. Allt fullbordades då. Kristus är för wåra synders skull utgifwen och för wår rättfärdighets skull uppwäckt. Profeten Micha utropar: Ho är en sådan Gud, som du är, den der synder förlåter, och tillgifwer din igenlefda arfwedel deras mißhandel? Den icke behåller sin wrede ewinnerligen; ty han är barmhertig. Han skall ännu förbarma sig öfwer oß, slå wåra mißgerningar neder, och kasta alla wåra synder uti hafwets djup. Micha 7: 18, 19. Detta skedde, då Kristus dog. Då offrade han wåra synder i sin lekamen på träd; på det wi skulle wara döde syndene, och lefwa rättfärdigheten, genom hwilkens sår I ären helbregda wordne, ty Kristus led ock ena resd för syndernas skull, rättfärdig för orättfärdiga. 1 Petr. 2: 24, 3: 18. Detsamma försäkrar ock Herren hos profeten Zakarias: Si, jag will låta komma min tjenare Zemah, och skall borttaga deß lands synder på enom dag. På densamma tiden, säger Herren Zebaoth, skall hwar bjuda den andra under winträ, och under fikonaträ. Zach. 3: 8—10. Då synderna förlåtas få alla tillsammans fröjdas, som blott anamma denna allmänna absolution. Jag utstryker dina mißgerningar såsom ett moln, och dina synder såsom en dimma; wänd dig till mig, ty jag förlossar dig (gealtica!). Fröjder eder, I himlar; ty Herren hafwer det gjort; jubilera, du jord, här nedre. I berg, glädjens med fröjd, skogen och all träd deruti; ty Herren hafwer förlossat Jakob och är herrlig i Israel. Es. 44: 22, 23. Så wittnar åfwen psalmisten David: Om Du, Herre, will tillräkna synderna, ho kan blifwa beståndandes? Ty när Dig är förlåtelse (παρὰ σοὶ ὁ ἱλασμός ἐστιν). David hade så lärt sig känna Gud, att denne ej will tillräkna synderna, utan förlåter dem för den kommande Medlarens skull. Derföre kunde han gladeligen sjunga: lofwa Herren, min själ; och förgät icke, hwad godt han dig gjort hafwer. Den dig alla dina synder förlåter och helar alla dina brister. Så långt som öster är ifrån wester, låter han wår öfwerträdelse wara ifrån oß. Han erinrar derom att åfwen Moses hade samma lära: barmhertig och nådelig är Herren, tålig och af stor mildhet. Han träter icke till ewig tid, och wredgas icke ewinnerligen. Ps. 103. Derföre fröjdades åfwen Ethan: Jag will sjunga om Herrans nåde ewinnerligen och hans sanning förkunna med min mun ifrån slägte till slägte. Och säger alltså: Att en ewig nåd skall uppgå, och du warder din sanning i himmelen troligen hållandes. Ps. 89. Sådan fröjdefull kunskap om förlåtelsen för Kristi skull hade redan Gamla Testamentets helgon. De wißte, att hos Gud war förlåtelse. Derom wittnar åfwen hela det Nya Testamentet. Johannes döparen utropar: Si Guds Lam, som borttager werldens synder. Kristus försäkrar sjelf: Detta är mitt blod, som för eder och för många utgjutet warder till syndernas förlåtelse. Paulus wittnar: Wi hafwe förloßning genom hans blod nemligen syndernas förlåtelse! I Ebreerbrefwet talas det herrligt härom. Der erinras det om Herrens ord: Jag warder förblidkad öfwer deras orättfärdigheter, och deras synder och deras ondska skall jag icke mer ihågkomma. Der angifwes åfwen grunden: Icke genom bockablod, eller kalfwablod, utan han är genom sitt eget blod ena reso ingången uti det helga, och hafwer funnit en ewig förloßning. Icke att han skulle ofta offra sig; utan han är en gång uppenbarad genom sitt eget offer till att borttaga syndena. Han är ena reso offrad, till att borttaga mång mans synder. Si, jag kommer; i boken är skrifwet om mig, att jag skall göra din wilja, o Gud. I hwilken wilja wi helgade äro ena reso, genom Jesu Kristi kropps offer. Denne då han hade offrat ett offer för synderna, det ewinnerliga gäller, sitter han på Guds högra hand. Med ett offer hafwer han ewinnerliga fullkomnat dem, som helige warda. Och så upprepas åter: deras synder och orättfärdighet will jag icke mer ihågkomma. En resa har Jesus offrat sig och då borttagit allas synder. Derföre förlåter Gud oß alla, äfwen dig och mig; Honom ware ewigt lof och pris! Ja i Nya Testamentets sista bok wittnas det: Du är dödad, och hafwer igenlöst oß Gudi med ditt blod af allahanda slägte, och tungomål, och folk och hedningar. Alla, alla äro sannerligen igenlöste, då Kristus dog. Han har älskat oß och twagit oß af wåra synder med sitt blod. Honom ware ära och wälde ifrån ewighet till ewighet! amen. Syndernas förlåtelse är oß alla förwärfwad i Kristi död! Halleluja! Må herr P. Waldenström hädiskt förneka detta; men deraf skola dock alla Guds helgon ewinnerligen fröjda sig.

Den salighet, som Kristus förwärfwat, meddelas oß genom **nådemedlen**, hwilka äro **ordet** och **sakramenterna**. Då P. W. söker kullhäfwa den rätta salighetsgrunden, förwränger han med detsamma nådens och salighetens medel. Detta hafwa wi redan funnit och skola ännu i största korthet gifwa akt härpå.

För att Guds wilja och frälsningsråd måtte wara för menniskorna kunnig, låter han predika ordet. Så betygade Jesus sjelf. Så är det skrifwet och så måste Kristus lida, och på tredje dagen uppstå ifrån de döda, och predikas i hans namn bättring och syndernas förlåtelse bland allt folk. Luc. 24: 46, 47. Han talar om twå slags predikan: bättring och syndernas förlåtelse. Ordet är af twå slag: Lag och

Evangelium. Hwardera predikan är äfwen ännu af nöden.

Gud har i sin lag uppenbarat sig såsom helig och rättfärdig, så att han älskar och belönar det goda, men hatar och straffar det onda. Han hotar alla lagens öfwerträdare med förbannelsen. Denna lagens stränghet söker P. W. tillintetgöra. Han will lära menniskorna, att Gud ej är så sträng, att han skulle fordra straff för hwarje synd. Wi ha sett honom förklara Guds rättfärdighet såsom idel godhet. Så förringas Guds rättfärdighet och sannfärdighet. Gud framstår såsom en dender hotar med straff, utan att dock i sjelfwa werket kräfwa sådant. Så förringas äfwen menniskans straffskyldighet. Menniskan har af naturen skefwa föreställningar om Gud, att han ej är så nogräknad dermed, huru wi förhålla oß; man föreställer sig, att Gud är nådig utan något widare. Och ett sådant föreställningssätt gynnas af P. W. Derföre finner han hos menniskorna en sådan anklang. Hans lära är wißt lagisk och grundad på egenrättfärdighet, men han prutar med lagens fordringar; sålunda saknas hos honom den grundliga bättrings predikan. Ja han tyckes påstå att lagens predikan icke mer är nödwändig i Nya Testamentet. Så yttrade han wid Swenska Missionsföreningens möte 1879 (enligt Hemlandswännen): „När Kristus utsände lärjungarne att predika, befalde han dem, att de skulle predika **evangelium** för hela skapelsen. Teologerna ha då sagt, att Kristus dermed menade både lagen och evangelium. När ap. Paulus talar om, att han fått icke lagens utan evangelii embete, så ha teologerna strax sagt: der menar Paulus endast ceremoniallagen och den borgerliga lagen men ej sedelagen. Frågar man då: hur wet du det? så kan swaret endast blifwa: jo, jag tycker så. Men det duger ej att härwid rätta sig efter sitt tycke. Kristus och apostlarna hafwa räknat den kristna sedeläran till **evangelium** och ej till lagen. Deraf förstå wi, hwarför de ansågo sig icke såsom lagens och evangelii tjenare utan endast såsom evangelii."

Men lagens predikan är ännu af nöden för att wisa menniskorna, huru det gudomliga Majestätet är rättfärdigt och fordrar oinskränkt lydnad. Lagens predikan är ännu af nöden för att föra menniskorna till syndakännedom samt för att wäcka hos dem behofwet af en Frälsare. Derföre stadfäster Kristus sjelf lagen: I skolen icke mena, att jag är kommen till att upplösa lagen och pryfeterna; jag är icke kommen till att upplösa, utan till att fullborda. Ty jag säger eder för sannt, till deß att himmel och jord förgås, warder ej förgången den minste bokstafwen, icke heller en prick af lagen, förr-än det är allt skedt. Math. 5: 17, 18. Och Paulus försäkrar: Göre wi då lagen om intet med trone? Bort det; utan wi uppräte lagen. Rom. 3—31. Ja, han talar om sin egen erfarenhet: Synden kände jag icke utan af lagen; ty jag hade intet wißt af begärelsen, hade icke lagen sagt: du skall icke begära; då tog synden tillfälle af budordet och uppwäckte i mig all begärelse; ty utan lagen war synden död. Synden, på det hon skulle synas wara synd, hafwer med det godt är werkat döden i mig, på det synden skulle warda öfwermåttan syndig genom budordet. Rom. 7: 7, 8, 13. Så wete wi, att allt det lagen säger, det säger hon till dem, som under lagen äro; att hwar och en mun skall tillstoppas, och all werlden skall för Gudi brottslig warda. Rom. 3: 19. Lagens hammare behöfs för hwar och en, tills han blifwit förkrossad samt känner sig i allo oduglig och brottslig inför Gud. Härom yttrar Luther i pred. på fjerde söndagen i adventet Ev. post. 55—57: Så är nu den en rätt kristelig lärare, som intet annat lärer, än hwad Johannes predikade, och förblifwer derwid ståndaktig. Nemliga, att han först wäl predikar Lagen, deraf wi dock, för wår naturs oförmögenhet skull, som oß genom Adams fall påkommen år, ingen ting kunne göra, så att hon på det sättet, med Johanne döper med Jordans watten. Ty det kalla wattnet betecknar lagsens lära: hon upptänder icke kärleken, utan utsläcker honom fast mera. Ty genom lagsens predikan känner menniskan, huru swårt och omöjeligt deß fullkomliga hållande är, deröfwer hon då blifwer lagsens fiende, och all hennes håg och lust till honom förkolnar, så att hon känner, huru alldeles hon uti hjertats grund är lagen emot. Då uppenbarar sig den aldraswåraste synden, som är att menniskan är Guds heliga lags fiende. Då måste hon förödmjuka sig, och bekänna, att hon är en förlorad menniska, och att alla hennes gerningar med hela hennes lefwerne är bara synd. Då är hon döpt med Johannis döpelse, och det så wäl, att hon icke allenast är begjuten, utan alldeles nederdoppad, såsom ock döpa betyder. Då först ser hon, hwad Johannis ord wilja säga: Görer bättring etc. Då först förstår hon rätt hwad Johannis säger, och att det är allom nödigt att bättra sig, eller att göra bättring. Men till sådant förstånd komma icke de phariseer och werkhelige och låta sig icke heller på det sättet döpa, utan mena sig ingen bättring behöfwa. Derföre förekommer dem Johannis ord och döpelse såsom en galenskap.

För det andra. När nu denna förra, nemliga, lagsens lära och dopet, är för sig gånget, så att menniskan känner sig sjelf, och är förödmjukad, samt måste misttrösta uppå sig sjelf, och all egen förmögenhet; då tager den andra delen i läran sin begynnelse, nemligen, att Johannes wisar folket ifrån sig till Christum, och säger: Si, Guds Lamb, som borttager werldens synder. Detta will nu så mycket säga: först har jag genom min lära gjort eder alla till syndare, och fördömt alla edra gerningar, och sagt eder, att I måsten mißtrösta uppå eder sjelfwa; men nu, på det I icke äfwen måtte mißtrösta uppå Gud, så ser här, jag will wisa eder, huru I skolen blifwa edra synder qwitte, och warda salige.

I kunnen icke aflägga edor synd, eller genom egna gerningar warda fromme för Gud: jag kan icke heller göra't, der fordras en annan man till och han är nu denne Jesus Christus, Guds Lamb. Han, han, och ingen annan, hwarken i himmelen eller på jordene, tager synden uppå sig: ja så, att du icke ens kan betala den aldraminsta synd. Han måste allena taga henne uppå sig, och icke allenast din synd, utan ock hela werldens, och icke allenast några werldenes synder, utan alla, alla hennes synder, de ware sig stora eller små, många eller få. Och detta heter då att predika och höra rena evangelium, och se, huru Johannes med sitt finger utwisar Christum, som är Guds Lamb." Så långt Luther.

Äfwen **Evangelium** bör rent och klart predikas. Sedan profeten Esaias i förra delen af sin profetia wäldeligen predikat lag samt bestraffat Israels folk för deß synder, predikar han på Herrens befallning i sednare delen det herrligaste evangelium. Tröster, tröster mitt folk, säger eder Gud: taler ljufliga med Jerusalem, och prediker för thy, att deß tid är fullbordad; ty deß mißgerning är förlåten; ty det hafwer fångit dubbelt af Herrans hand för alla sina synder. Syndaförlåtelsen förwärfwades genom Kristus och deßutom en ewig rättfärdighet. Wi ha fått dubbelt emot det, som wi förlorat i Adam. Wi ha sett, att i Kristi död öfwerträdelsen blifwit förtagen, och synden betäckt, och mißgerningen försonad, och den ewiga rättfärdigheten framhafd. Det måste predikas om den förloßning, som i Jesu Kristo skedd är. Allt är i honom fullkomnadt, allting är redo. Kort före sin himmelsfärd befallde Jesus sjelf sina lärjungar: **Går ut i hela werlden, och prediker evangelium allom kreaturom.** Marc. 16: 15. Om evangelium förstås antingen i sin allmännare eller inskränktare betydelse, alltid innebär det förkunnandet af Guds nåd och syndernas förlåtelse för Kristi förskyllan skull. Med anledning häraf yttrar Luther i

Evang. Postillan i predikan öfwer evangelium på Kristi himmelsfärdsdag n:o 54 § 29: „Detta är nu ock en tröstelig predikan för oß; ty wi äre ock ihågkomne uti dessa Kristi ord: går ut i hela werlden, och prediker evangelium allom kreaturom. Ty häruti äro alla de inbegripne som få höra en sådan predikan, ehwarest de wistas och ehuru många eller få de äro. Med ordet werld förstås ju icke en eller twå hennes delar, utan allt, allt hwad menniska heter, och ehwarest de bo. Derföre har ock evangelium måst löpa så widt omkring, och löper ännu framgent, så att, ändock det icke ständigt blifwer på någon wiß ort, så måste det dock komma öfwer allt, och blifwa bekant på alla orter och wrår i werlden. **Men såsom det är en allmän befallning, att predika evangelium allestädes och för alla menniskor; så är ock det en allmän Guds befallning, att alla skola tro detta ordet.**"

Widare heter det i samma predikan §§ 47—49: „**Tro** heter egentligen att hålla det för sannt, och af allt hjerta förlåta sig på det, som evangelium säger om Kristo och alla trons artiklar, nemligen att han är oß af Gudi sänd och gifwen, och har till den åndan lidit, dött, uppstått och uppfarit till himla, att wi för hans skull af Gudi skole få syndernas förlåtelse och ewigt lif. Och på det tron så mycket fastare må omfatta och behålla detta, så gifwer han oß döpelsen betygandes med detta synliga tecknet, att Gud anammar oß och wisserligen gifwer oß det, som genom evangelium warder oß förkunnadt. Man bör icke heller tåla den blandning och styckwerk, som de eländige sofister lappa tillhopa, nemligen: att Kristus wäl har gjort tillfyllest för arfsynden och de förr begångna werksynder, samt öppnat dörren till himmelen; men att ock wi sjelfwe sedan måste plikta för synden med wåra gerningar, och förtjena den nåden, att wi fulleligen få slippa in. Sådant är att beröfwa Kristo hans ära, ja, göra honom onyttig med sin död, uppståndelse och himmelsfärd, likasom hade han icke förtjent oß allt nog, och såsom wore icke hans lidande och blod nog kraftigt till att försona wåra synder; hwilket likwäl allena är som S:t Johannes säger i 1 Joh. 2: 2 **försoningen för alla synder i hela werlden.** Att man nu så måste förstå dessa och dylika språk, det lärer och förklarar S:t Paulus i sina epistlar, och i synnerhet till de Romare kap. 3: 24, 25, der han bewisar, att wi allena för Medlarens och Nådastolens Kristi skull, och genom förloßningen i hans blod, hafwa syndernas förlåtelse, och warde förklarade för rättfärdige för Gud. Och utsätter klarligen det ordet **gratis** utan wår förtjenst, och icke för wåra gerningars skull; på det wi måge hafwa en säker tröst, och icke behöfwa twifla om nåden och saligheten, ändock wi äro owärdige, och synden ännu låder wid oß."

Så predikade äfwen S:t Paulus evangelium, såsom wi kunna finna i hans epistel till de Romare. Sedan han först wisat, huru alla både judar och hedningar äro under synd, enligt hwad skrifwet står: Den är icke till, som rättfärdig är; icke en. Ingen är ock den, som förständig är, ingen är, som aktar Gud. Alle hafwa afwikit; allesamman äro de onyttige wordne; ingen är som godt gör, icke till en m. m.; så fortfar han. Men nu är Guds rättfärdighet utan lagens tillhjelp uppenbar worden, bewist genom lagen och profeterna; den Guds rättfärdighet säger jag, som kommer af Jesu Kristi tro, till alla och öfwer alla dem, som tro; ty här är ingen åtskillnad. Allesamman äro de syndare, och hafwa intet att berömma sig af för Gudi; och warda rättfärdige utan förskyllan af hans nåd, genom den förloßning, som i Kristo Jesu skedd är, hwilken Gud hafwer satt för en nådastol genom tron i hans blod. Rom. 3. Alla förklaras för syndare; utan åtskillnad erbjudes åt alla den förloßning och rättfärdighet, som är i Kristo, alla få och böra tro den förlåtelse, som för Kristi skull meddelas.

Å ett annat ställe försäkrar Paulus: Gud will, att alla menniskor skola frälste warda och till sanningens kunskap komma. Ty det är en Gud, och en medlare emellan Gud och menniskor, nemligen den menniskan Kristus Jesus, hwilken sig sjelf gifwit hafwer för alla till återlösen, att sådant skulle i sin tid predikadt warda. 1 Tim. 2: 4—6. Såsom Kristus sjelf betygat, att han gifwit sitt lif till återlösning för många, så försäkrar åfwen Paulus, att Guds Son gifwit sig sjelf till återlösen för alla. Alla menniskor har Kristus återlöst, då han utgaf sitt lif i döden; härom skall predikadt warda. Detta skall förkunnas enligt Kristi befallning i hela werlden för alla menniskor. We mig, om jag ej förkunnar evangelium, utropar samme Paulus. We oß, om wi fördölje eller förfalske Kristi evangelium, hwilket innehåller förlåtelse för hela werldens syndare.

Låter oß ännu gifwa akt på ett märkeligt ställe hos Paulus, neml. 2 Kor. 5: 18—21. Alltsammans är af Gudi, den oß med sig sjelf försonat hafwer genom Jesum Kristum, och gifwit oß embetet att predika samma försoning. Ty Gud war i Kristo, och försonade werlden med sig sjelf, och förebrädde dem intet deras synder, och hafwer beskickat ibland oß försoningens ord. Så äre wi nu sändningabud i Kristi stad; ty Gud förmanar genom oß; så bedje wi nu i Kristi stad: låter försona eder med Gud. Ty dender af ingen synd wißte, honom hafwer han för oß gjort till synd, på det wi skulle warda Guds rättfärdighet genom honom. Gud har sjelf försonat sig med oß genom Kristus, som försonat icke allenast oß utan hela werlden. Till följd af denna i Kristo en gång för alla skedda fullkomliga försoning, förlåter Gud menniskorna så deras synder, att han ej mera will tillräkna menniskorna dem. Han har gifwit oß embetet att predika samma försoning; han har ibland oß beskickat försoningens ord. Han låter säga oß och hela werlden, att han nu genom Kristus är försonad emot alla och hwar och en i synnerhet. Derföre beder han genom sina sändningabud, att wi ock skulle tro och anamma denna allmänna försoning och deraf följande förlåtelse. Ty Kristus är alla redo för oß gjord till synd och i honom erbjudes och meddelas oß syndernas förlåtelse och en fullkomlig rättfärdighet. Dock detta stämplas nu af mången såsom nyevangelism. Man säger att Kristus wäl förwärfwat oß försoning, men att Gud ännu icke derigenom är försonad emot hwar och en enskildt. Men här erinrar till och med sjelfwa P. Waldenström: tag bort alla enskilda, hwad blir då qwar af werlden? Ordet **alla** inbegriper alla enskilda. Emot hwar och en är Gud genom Kristus försonad; åt hwar och en skall detta förkunnas. Detta evangelium är lika gammalt, som nytt. Jag beder förbindligen, att ingen wän af sanningen måtte stöta sig derwid, att jag nödgas uttrycka min förwåning deröfwer, att äfwen män, som warmt uppträdt till förswar för Kristi försonings werk, dock kunna anse det för en ytterlighet och öfwerdrifwet konseqvensmakeri, då det påstås, att Gud i Kristi död blifwit försonad emot hela werlden, alla menniskor, ja hwar och en enskild, och att evangelium innehåller en allmän absolution, som owilkorligt tilldelar syndernas förlåtelse åt alla menniskor och hwar och en isynnerhet. Detta anses af några nu för tiden såsom afskywärdt ja fasawäckande, oaktadt det är den heliga skrifts och äfwen d:r Luthers lära. Man gör skillnad emellan en **objektiv** och en **subjektiv** försoning. Det må man gerna göra; men man må förstå det rätt. Med objektiv försoning förstår jag, att Gud genom Kristus werkeligen är försonad emot en hwar; med subjektiv åter, att menniskan med tron omfattar och tillegnar sig denna allmänna försoning, som redan förut werkeligen finnes förhanden. Men några tyckas uppfatta förhållandet så, att oaktadt Gud försonat werlden med sig sjelf, han dock i werklighet blifwer försonligt sinnad emot den enskilde, först när hon tror. Detta wore då den subjektiva försoningen, som skulle meddela Guds nåd åt hwar och en enskild. Det är wißt sannt, att endast tron annammar och blifwer delaktig af försoningen. Men den finnes till i Guds hjerta för hwar och en redan innan man tror. Och syndernas förlåtelse måste förkunnas allmänt, på det den måtte kunna tros. De som anse, att Gud först sedan blifwer försonad emot den enskilde, när hon omwändt sig och tror, de öfwerensstämma i grunden med den waldenströmska läran, enligt hwilken försoningen uppfattas endast subjektivt. Wi ha nogsamt sett, huru P. W. lärer, att Gud ej blef försonad, då Kristus dog, att Kristus således icke en gång för alla i sin död försonat Gud emot werlden, utan att han fortfarande håller på att försona menniskorna allt efter som de bättra sig och tro. Menniskans egen bättring och tro blifwa sålunda de faktorer, som åstadkomma Guds försoning. Men att detta är grundfalskt, borde hwar och en sann kristen lätteligen inse.

För sakens stora wigt beder jag här anföra en afgörande förklaring af d:r Luther i deß predikan öfwer evangelium på tredje dag påsk i kyrkopostillan n:o 39 §§ 62 ff. Sedan han först talat om bättrings predikans allmännelighet fortfar han: „Häruppå måste nu det andra stycket följa, som Christus här befaller att predika, nemligen **syndernas förlåtelse**. Ty det är icke nog, att bara tala om synden och Guds wrede, och dermed förskräcka. Ehuruwäl det är nödigt att begynna dermed, på det man måtte lära erkänna och få smaka synden, och deremot åstunda nåden; men så måste det dock icke blifwa derwid, ty då wore ingen Christus eller salighet till, utan bara död och helwete. Christi förrädare, Judas, begynte starkt nog det första stycket af bättringen, nemligen ångren och sina synders kännedom, ja, alltför starkt; emedan der ingen tröst följde, så att han icke kunde fördraga det, utan störtade sig sjelf med hast uti förderfwet och den ewiga döden.c Så ock konung Saul och många andra. Men detta heter icke att rätteligen eller till fullo predika bättring, såsom Christus will, att han skall predikas. Ty detta stycket yrkar ock djefwulen gerna, och drifwer denna predikan, fast han icke har befallning dertill; men will dock alltid föra Guds namn och ord, och förwända begge delarna, till att dermed bedraga och göra skada: Han tröstar, när han icke bör trösta, eller ock förskräcker han allenast, och drifwer till förtwiflan.

Men det är icke Herrans Christi mening, att så predika bättring, att man skall lemna samweten uti sådan förskräckelse; utan att man skall åter trösta och upprätta dem, som nu med ångerfulla hjertan känna sina synder. Derföre förknippar han strax härwid det andra stycket, och befaller ej allenast, att predika bättring, utan ock syndernas förlåtelse, då det ock heter, som han säger, i **Hans namn predikadt.**

Är nu ditt samwete genom sådan, antingen muntelig, eller inwärtes bättrings predikan förskräckt, så wet, att du ock bör höra och omfatta det andra stycket, som Christus har befallt att säga dig, nemligen, fast du förtjenar ewig onåde, och är skyldig till helwetes eld; så will dock Gud, af oändelig godhet och barmhertighet, icke låta dig ligga och förgås i din fördömelse, utan förlåta dig dina synder, derigenom du warder hans wrede och din fördömelse qwitt.

Detta är nu Evangelii hugneliga predikan, den menniskan icke så kan förstå om sig sjelf, som hon om sig sjelf förstår lagsens predikan, när hon rätt träffar hjertat; ty lagen är i naturen inplantad. Men detta är en ganska besynnerlig uppenbarelse, och Christi egen rätta röst.

Den menskliga naturen och förnuftet kan icke swinga sig upp öfwer lagens dom, som säger: Den som är en syndare, han är af Gudi fördömd; och hade alltså alla menniskor ewinnerliga måst förblifwa under Guds wrede och uti fördömelsen, hwar icke en annan predikan wore oß gifwen af himmelen. Denna predikan har Guds Son sjelf måst instikta och befalla att utbreda i werlden, uti hwilken Gud tillbjuder sin nåd och barmhertighet allom dem, som känna synden och Guds wrede.

Men på det sådant måtte anammas och tros, måste denna predikan, som han här säger, ske i hans namn, det är, icke allenast i kraft af hans befallning, utan ock, att synderna för hans skull, och i kraft af hans förtjenst, warda förlåtne. Så att wi måste tillstå, att hwarken jag, eller någon annan menniska, än Christus, har åstadkommit eller förtjent, eller i ewighet kan förtjenat. Ty huru skulle jag kunna förtjena sådant, när jag, tillika med mitt lefwerne, och allt hwad jag förmår, är (efter den förra predikan) redan fördömd för Gudi.

Men om Guds wrede skall kunna wändas ifrån mig, och jag få nåd och förlåtelse, så måste någon förtjenat hos honom; ty Gud kan icke wara syndene huld och nådig, eller upphäfwa straffet och wreden, utan betalning och tillfyllestgörelse derföre: nu har jag, ja ingen Engel i himmelen, kunnat godtgöra denna oboteliga skadan, och tillfredsställa Guds wrede, den wi med wåra synder hade förtjent, utan allena den ewiga Personen, Guds Son sjelf, och det så att han trädde i wårt ställe, tog på sig wåra synder, och swarade derföre, såsom hade han sjelf warit skyldig dertill.

Detta har nu wår käre Herre, endaste Frälsare och Medlare inför Gud, Christus, gjort med sin blod och död, när han blef ett offer för oß, och genom sin Guddomeliga och ewiga renhet, oskuld och rättfärdighet öfwerwägde all den synd och wrede, som han för wåra skull måste bära, ja alldeles fördränkte och uppslukade, och så högt betalte detta allt, att Gud nu är tillfreds dermed, och säger: **Hwem han dermed hjelper, han skall wara hulpen;** såsom Christus säger om denna sin Faders wilja i Joh. 6: 40.

Detta är hans wilje, som mig sändt hafwer, att hwar och en som ser Sonen, och tror på honom, han skall hafwa ewinnerligt lif. Och Matth. 28: 18: Mig är gifwen all makt i himmelen och på jordene; och Joh. 17: 1, 2 säger han i sin bön: Fader, förklara din Son, att din Son förklarar ock dig; såsom du hafwer gifwit honom makt öfwer allt kött, att allom dem, som du hafwer honom gifwit, skall han gifwa ewinnerligt lif.

Sådant har han nu ej allenast i sjelfwa werket uppfyllt, utan ock gjort det till den åndan, att det skulle predikas och förkunnas oß: eljest skulle wi icke weta deraf, än mindre kunna komma dertill. Det är alltså på wår sida alldeles oförtjent, och tillbjudes och gifwes oß af blotta nåde. Och det åfwen på det wi måge wara wisse om en sådan nåd och icke behöfwa twifla derpå; ty om wi skulle hafwa afseende på wår förtjenst, och bredwid söka wår egen wärdighet, till deß wi hafwe gjort så mycket, att Gud såge dertill, och derföre blefwe oß nådig, så skulle wi ju blifwa i en ewig owißhet. Men nu befaller Christus predika syndernas förlåtelse i sitt namn, på det jag skall weta, att hon för wisso sker mig derföre, att han har förtjent mig sådant, och gjort det i mitt ställe, (ty för sig sjelf behöfwer han det icke) samt tillbjuder och meddelar mig det genom ordet.

Och på det hwar och en må hafwa att trösta sig dermed, och ingen med skäl behöfwa råka i det bekymret, om han ock skall töras tillegna sig en så stor nåd; (ty menniskans hjerta är af naturen böjdt till twekan, och disputerar med sig sjelft på detta sättet: Ja, nog tror jag, att Gud har hållit några stora Män, såsom S:t Petrus, Paulus etc. wärdiga dertill, men ho wet, om ock jag är en af dem, hwilkom han unnar en sådan nåd? Tillåfwentyrs är jag icke utsedder dertill,) så will och befaller nu Christus härmed att predika sådant, icke i någon wrå, eller för några isynnerhet, icke för judarna allena, eller för några få folk; utan att det skall förkunnas i hela wida werlden, eller som han säger, **ibland all folk, ja, predikas allom kreaturom**, som han säger i Marc. 16: 15.

På det wi skole weta, att han icke will härifrån utestänga någon menniska, som will anamma nåden, och icke sjelf utesluter sig derifrån. Ty så allmän, som predikan om bättring bör wara, nemligen gå öfwer alla menniskor, på det alla måtte erkänna sig för syndare; **så allmän bör ock denna predikan om syndernas förlåtelse wara, och af allom anammas**; emedan alla menniskor, allt ifrån fallet, hafwa behöft, och ännu behöfwa henne, allt intill werldens ända; ty hwartill skulle eljest syndernas förlåtelse allom tillbjudas och predikas, om icke alla hade synd? På det att det må blifwa sannt, som S:t Paulus säger, i Rom. 11: 32: **Gud hafwer beslutit alla under synd, på det han skall förbarma sig öfwer alla** etc.

Derföre fordras ock tron till denna predikan, så att jag med wißhet och utan twekan deraf wet, att syndernas förlåtelse sker mig för Herrans Christi skull, och att jag nu genom honom är frälst ifrån Guds förskräckeliga wrede och den ewiga döden, samt att Gud will, att jag skall tro denna predikan, och ej förakta Christi tillbudna nåd, eller skylla Gud för lögn i sitt ord. Ty emedan han bjuder, att man skall predika detta ordet i hela werlden, så fordrar han ock med detsamma af hwar och en, att man skall anamma en sådan predikan, hålla henne för en guddomelig och oföränderlig sanning, och bekänna, att wi wisserliga undfå sådant för Herrans Christi skull; och bör ingenting hindra eller afskräcka mig ifrån en sådan tro, ehuru owärdig jag ock känner mig, om allenast mitt hjerta hyser en allwarlig leda till mina synder, och gerna will wara dem qwitt.

Ty såsom denna förlåtelsen icke predikas och tillbjudes mig för min wärdighets skull, alldenstund jag aldrig har bidragit dertill, eller arbetat derpå, att Christus har förtjent, och nu låter förkunna mig henne; så bör jag ej heller lida något för min owärdighets skull, eller derföre gå miste om förlåtelsen, om jag annars är förlägen derom."

Här beder jag nu hwar och en behjerta Luthers på Guds ord grundade lära om den gudomliga nådens och förlåtelsens allmännelighet. **„Så allmän, som predikan om bättringen bör wara, nemligen gå öfwer alla menniskor; — så allmän bör ock denna predikan om syndernas förlåtelse wara, och af alla annammas."** Detta är således icke något påfund af någon ultra-nyevangelism, utan denna åsigt hyllas oförtäckt af wår dyre lärofader Luther och den är öfwerensstämmande med det profetiska och apostoliska ordet. Ja, wi ha sett, att Guds Son sjelf efter fullbordadt återlösningswerk gifwit denna oinskränkta befallning åt sina lärjungar och predikoembetet, att **predika evangelium allom kreaturom.** Wi wåge derföre icke förfalska Guds ord. We oß! om wi icke förkunne Kristi evangelium. We åfwen dem, som djerfwas stämpla evangelii allmänna förkunnande såsom förderflig sekterism! De sakna ännu sjelfwa det sanna ljuset!

Förr än wi lemna detta wigtiga ämne, beder jag ännu att få meddela några prof derpå, att Luther åfwen i praktiken förkunnade Guds nåd i Kristo i sådan allmännelighet, som hans sednast citerade predikan påyrkat.

Jag beder att få hänwisa t. ex. till Luthers predikan på annandag pingst i hans Huspostilla, hwilken predikan hwar och en må genomläsa och begrunda. Här må endast anföras: „Nu måste ju du och alla menniskor bekänna, att det är fast och wißt, att werlden heter icke Maria, Petrus, Paulus m. fl., utan werlden heter hela menniskoslägtet tillsammans i en hop. Tror du nu, att du är en menniska? Men kan du icke tro eller weta det, så tag dig i barmen eller om näsan (och se till), om du icke är likasåwäl en menniska som annat folk. Hwarföre will du då utesluta dig ifrån det ordet werlden, då Kristus säger med klara begripliga ord, att Gud gaf sin Son icke allenast åt den heliga jungfru Maria, Petrus eller Paulus, utan åt werlden, att alla, som heta menniskobarn, skola taga honom till sig" etc.

Se äfwen Luthers predikningar på juldagen i samma Huspostilla, hwarur wi här intaga endast följande:

„Ja, säger du widare, hwarpå skall eller kan jag weta, att Gud är min wän och att jag är försonad med honom? Ty jag wet, att Hans lag måste fullkomnas eller Hans ewiga wrede lidas för olydnadens skull. Den samma måste jag ju förut bära till ändan, hwar skall jag då hemta, söka eller finna det? Nå wäl! Hwad will du då göra? Will du löpa till werldens ända?

Hwarthän skall jag då, att jag må finna tröst och hjelp? Kom hit, säger engelen, hör här, hwad jag säger dig. Jag förer till dig denna predikan, hwartill du nu endast skall hålla dig och den skall göra dig glad. Hon säger dig icke, hwad du skall göra, för att komma till försoning hos Gud och nåd, utan att en Frälsare är dig född. Detta ordet, Frälsare, förer det till dig. Ty Han kallas Eder, det är, din och alla menniskors Frälsare, emedan I ären de, som ären förtappade och fördömde och behöfwen en Frälsare. De helige englar äro oförderfwade, fromme, rene och salige andar; derföre säger han icke: wår Frälsare eller Han är oß född, utan åt Eder och Eder Frälsare, det är deras, som måste bekänna sådant och säga: jag är förtappad".

„Åt eder, säger engelen, åt eder, som med själ och kropp liggen fångna utan hjelp och salighet, under denna skadeliga, wanartiga, förgiftade anden, som är werldens förste och Gud, är denne Frälsare född.

Ja det lilla ordet, Eder, borde göra oß glada; ty med hwem eller om hwem talar han? Wißt icke med trä eller sten, nej, utan med menniskor och icke med en och twå allenast, utan som Han säger här: med allt folk, det är, med alla, som äro menniskor. Ty Han säger: Eder, icke oß, Englar, utan Eder är Han född, det är, Han har blifwit menniska, Eder like. Den som nu också är en menniska, och född, han får och skall ock taga åt sig denne Frälsare.

Hwad wilje wi nu då göra deraf? Wilje ock wi yttermera twifla på Guds nåd och säga: öfwer Frälsaren må wäl Petrus och Paulus fröjdas; jag törs det icke göra; jag är en arm syndare; denna ädla, dyrbara skatten kommer icke mig wid. Kära! om du will säga, att Han ej hörer dig till och jag will likaledes säga, att Han icke hörer mig till, hwem tillhörer Han då? Är Han då kommen för gässens, ankornas eller kornas skull? Ty du borde se här, hwem Han är. Hade Han welat hjelpa ett annat kreatur, så hade Han blifwit samma kreatur. Hade Han icke kommit för wår, arma, syndiga, förtappade menniskors, skull, så hade Han icke blifwit kallad wår Frälsare.

Si nu! Hwem är du? Hwem är jag? Äro wi icke alle menniskor? Jo, hwem skall då taga åt sig detta barnet, om icke wi menniskor? Englarne behöfwa Honom icke. Djeflarne wilja ej hafwa Honom. Men wi behöfwe Honom och för wår skull är Han worden menniska. Derföre bör oß menniskor att annamma Honom med glädje, såsom engelen här säger: Eder är Frälsaren född; och strart förut: Jag förkunnar Eder stor glädje, hwilken allt folket wederfaras skall. Är det icke då en stor, härlig sak, att en engel förer detta budskap till menniskorna ifrån himmelen, och sedan äro så många tusende englar glade deröfwer, önska och predika, att wi menniskor också skole wara glade och annamma denna nåd med tacksägelse."

Se widare doktor **Martin Luthers** lära om **Kristi dyra Återlösningswerk** 1 afd. § 10: „Derföre är detta owedersägligen de kristnas allrahögsta konst och rätta wishet, att de kunna hålla och tro dessa och dylika Pauli ord i den H. skrift för fullt allwar och wiß sanning, nemligen, att Kristus är utgifwen i döden icke för wår rättfärdighets och helighets skull, utan för wåra synders skull, som äro sannfärdige, månge, store, ja oräkneliga och för oß oöfwerwinnerliga synder. Derföre må ingen låta sig inbilla, såsom skrymtare göra, att wåra synder äro små och ringa, så att wi dem med wåra egna gerningar kunna afplana. Så skall ock twärtom ingen förtwifla, fast de wäl äro, som sagdt är, så stora och gruslige, utan en hwar läre här af Paulus att förstå, och allenast wäl och stadigt tro, att Kristus har gifwit sig sjelf, icke för inbillade och målade, utan för sannfärdiga, icke för små och ringa, utan för mycket stora och grofwa, icke för en eller twå, utan för alla, icke för öfwerwunna och afplanade, utan för oöfwerwunna, ännu herrskande, starka och mäktiga synder. Ty i sanning kan ingen menniska, ja icke ens någon engel, utplåna en enda synd, ja wore det ock den allraminsta. Och så framt du icke warder funnen bland deras antal, som säga: **för wåra synder**, det är bland dem, som denna trons lära hafwa, lära, drifwa, älska och tro, så må du fritt bereda dig på att det är gjordt med din salighet, och platt ute med dig."

Genom flerfaldiga wittnesbörd från bibeln och Luthers skrifter ha wi funnit, huru den af Kristus förwärfwade nåden är allmän och i evangelium fritt tillbjudes alla menniskor. Men detta strider emot wårt förblindade förnuft. Derföre finner man, huru många teologer äfwen i wåra dagar förakta en sådan lära och förwränga evangelium derhän, att allt hufwudsakligen bygges på menniskans subjektiva wärdighet. Om man undersöker sådanas lära, finner man, att de mera öfwerensstämma med rationalism, kalwinism, baptism och papism, än med bibeln och Luther. Dock äro sådane nog snare att stämpla just den äkta evangeliska läran „med den widriga benämningen Ny-evangelism.“ Det är ömkligt, då evangelium uppenbart hånas äfwen af sådana, som edeligen förpliktat sig att lära enligt samma evangelium. Dock tron är icke hwar mans. Efter werlden icke kunde genom sin wisdom känna Gud i hans wisdom, så täcktes Gudi genom dåraktig predikan frälsa dem, som tro. 1 Kor. 1: 21.

Wi ha funnit, huru Luther predikade evangelium allmänt. Detta gör, att hans predikningar äro synnerligen tröstande för alla, som äro bedröfwade öfwer sina synder. Han predikar wäl lag, men han predikar ock det ljufligaste evangelium. Han utesluter ej någon för deß synders skull, utan söker öfwertyga alla om Guds nåd, i Kristo oß alla förwärfwad. Detta är såsom den ljufligaste musik för alla fattiga syndare. Men de, som ej blifwit wäckta till syndakännedom, dem smakar ej den söta maten. Chemnitz säger: „den som finner nöje i Lutheri skrifter, han må wara öfwertygad, att han gjort goda framsteg i himlaläran; derföre borde ungdomen, ja alla, på allt sätt uppmuntras att läsa dem.“ Men nu anse sig många så wisa, att de inbilla sig förstå saken bättre än wår kyrkoreformator. De wämjas wid den lösa maten och wilja hafwa lärare, som förkunna dem något nytt. Den tid skall komma, förutsäger Paulus, att de icke skola kunna lida helsosam lärdom; utan skola efter sina egna lustar samla sig lärare, efter dem kliar i öronen. Och skola wända sina öron ifrån sanningen, och wända sig till fabler. 2 Tim. 4: 3, 4. Då evangelii ljus och Luthers lära i sin klarhet på sednare tider ännu blifwit spridd i wår höga nord, har äfwen detta af mången blifwit stämpladt såsom nyevangelism. „Om detta partiet är oß weterligt, att allestäds sägs deremot.“ Ap. G. 28: 22. Men Paulus bekänner: **jag skämmes icke wid Kristi evangelium, ty det är en Guds kraft allom dem till salighet, som tro.**

Wi hafwe nu funnit att enligt Guds ord och Luthers lära bättringens och nådens predikan måste wara allmänna. Då i wåra evangeliska kyrkor allmän skrift och aflösning är införd före nattwardens bruk och härwid äfwen bör förkunnas Guds ord rent, är det klart, att äfwen härwid bör allmän syndaförlåtelse utan föregående wilkor afkunnas jemte bättringens predikan. I skriften finnas många exempel på owilkorlig, oförskyld absolution. Så försäkrar Gud sjelf hos propfeten Esaias: Icke att du Jakob hafwer kallat mig, eller att du Israel hafwer arbetat om mig. Icke hafwer du framburit mig din bränneoffers får, eller hedrat mig med ditt offer; jag hafwer icke haft lust till din tjenst i spisoffer; jag hafwer ej heller lust af ditt arbete uti rökelse. Mig hafwer du icke köpt Calmus för penningar; mig hafwer du icke fyllt med din offers fetma; ja mig hafwer du arbete gjort uti dinom syndom, och gjort mig möda uti dinom mißgerningom. Jag, jag utstryker din öfwerträdelse för mina skull, och kommer dina synder intet ihåg. Es. 43: 22—25. Här fanns hos Israel ingen egen beredelse och förtjenst. Nej! utan twärtom idel synder och owärdighet; och dock förlåter Herren utan alla wilkor deß alla synder. Detta är en gudomlig absolution. Likaså hafwa wi redan sett, huru Herren förlät Israel i Hes. 16 kapitel, och det, oaktadt han förebrådde folket för det gröfsta andeliga äktenskapsbrott. Så säger Herren, Herren: jag skall göra dig, likasom du gjort hafwer, att du föraktade eden och bröt förbundet. Men jag will tänka uppå mitt förbund, som jag med dig gjort hafwer i din ungdoms tid; och skall göra ett ewigt förbund med dig. På det du skall tänka derpå och skämmas, och för skams skull icke djerfwas upplåta din mun, når jag dig förlåtandes warder allt det du gjort hafwer, säger Herren, Herren. Så förlåter Gud för Kristi skull menniskorna ännu i denna dag, oaktadt all deras owärdighet, och låter förkunna denna förlåtelse genom evangelii predikan och absolutionen. Först wisar han synden och sedan förlåter han densamma. Så finne wi, att owilkorlig absolution äfwen blifwit begagnad i Nya Testamentet. Så förkunnade Paulus för judarne i Antiochien: Så skall eder nu weterligt wara, I män och bröder, att genom honom warder eder förkunnad syndernas förlåtelse och af allo, der I icke med kunden rättfärdige warda uti Mose lag; men hwilken, som tror på denna, han warder rättfärdigad. Så ser nu till, att eder icke öfwerkommer det som sagdt är i profeterna. Ser till, I föraktare och förundrer eder och warder till intet; ty jag skall werka i edra dagar ett werk, det I icke tro skolen, om någon det eder förtäljer. Ap. G. 13: 38—41. Häraf finna wi först, att Paulus förkunnade syndernas förlåtelse för Kristi skull åt alla dem, som i synagogan woro. Han försäkrar, att de, om de nu trodde denna förlåtelse, skulle warda rättfärdigade. Och han warnar dem äfwen, att ej genom otro förskjuta den syndaförlåtelse, som nu werkeligen blifwit dem meddelad. Apostelen Johannes begagnade äfwen allmän absolution: Jag skrifwer eder, käre barn, att eder skola synderna förlåtna warda för hans namns skull. 1 Joh. 2: 12. Han angifwer äfwen för hwems skull alla synder förlåtas. För Kristi skull. Derföre weta de kristtrogna, att alla deras synder äro förlåtna, då Gud sjelf försäkrat härom och befallt att syndernas förlåtelse skall i hans namn förkunnas ibland alla folk. Derföre uppmanas i psalmen 117: **Lofwer Herren alla hedningar; priser honom all folk. Ty hans nåd är wäldig öfwer oß, och Herrans sanning warar i ewighet. Halleluja!**

Emellertid förefinnas wilkorliga absolutionsformulär wid det allmänna skriftermålet både i den swenska kyrkohandboken af år 1809 och i det finska handboksförslaget af år 1859. I den förra föreskrifwes följande absolution: „Är denna eder syndabekännelse uppriktig, eder bättring allwarlig, eder tro rättskaffens, så försäkrar jag o. s. w.“ Enligt det finska förslaget tillsäger skriftefadren syndernas förlåtelse åt hwar och en af dem, som af botfärdigt och nådehungrande hjerta aflagt sin syndabekännelse. Hwem märker ej, att förlåtelsen här bygges på den egna botfärdigheten och egna wärdigheten. Här begagnas sålunda en Clavis conditionalis. Att en sådan absolution är falsk, har Luther nogsamt ådagalaggt, derföre wilja wi här anföra några yttranden af honom. I sin skrift „**Von den Schlüsseln**“ säger Luther bestämdt: „Ungewisse Absolution ist eben so wiel, als Lügen und Betrug. — — Ungewiß muß er aber sein, weil die Reue ungewiß ist, darauf er stehet: denn wer will sagen, daß seine Reue fur Gott gnugsam sei? Ja welche Reue kann fur Gott gnugsam sein? sintemal nicht unser Reue, sondern Christus selbs muß fur Gott unser Reu und gnugthun sein mit seinem Leiden.“ (D:r Martin Luthers sämmtliche Werke. 31 Band. Erlangen 1842.)

„Den som icke tror, att han är löst och har sina synder förlåtna, han skall wäl ock med tiden erfara det, **huru werkligt och sant hans synder hafwa warit förlåtna, och han har icke welat tro det.** S:t Paulus säger: för wår otros skull skall Gud icke fela (Rom. 3.) Och nu tala wi icke heller om, hwem som tror nycklarne eller icke, wi weta rätt wäl, att de äro få, som tro; wi tala om, hwad nycklarne göra och gifwa. Den som icke mottager det, har wisserligen intet; men derföre fela icke nycklarne. Mången tror icke evangelium, men derföre felar och ljuger icke evangelium. En kung gifwer dig ett slott; mottager du det icke, så har kungen icke derföre ljugit eller felat, men du har bedragit dig sjelf, och skulden är din; kungen har wisserligen gifwit dig det. Ja, säger du, här lärer du sjelf, att nycklarne fela; ty icke allt det sker, som nycklarne göra, emedan några icke tro eller mottaga det. Men käre, skall det kallas att fela, så felar Gud med alla sina ord och gerningar. De äro nemligen få, hwilka tro eller antaga det, som han dock utan undantag talar och gör mot alla. **Det är att förwända tungomålet och öfwergifwa språkbruket**; ty det kallas icke att fela eller fara wilse, när jag talar eller gör något, och en annan föraktar det eller bryr sig icke derom. Men om påfwens nyckel, som wäl må kallas en wilsenyckel, är det så lärdt, förstådt och ment, att nyckeln sjelf i sig sjelf kan fara wilse, åfwen om en menniska gerna wille tro och antaga det, som den säger; ty den är en wilkorsnyckel (conditionalis clavis), en osäker nyckel, som icke hänwisar oß till Guds ord, utan till wår ånger, icke säger fritt: jag löser dig sannerligen, det skall du tro, utan säger så: derest du ångrar dig och är from, så löser jag dig, hwar om icke så felar jag; detta kallas en wirrig nyckel (clavis errans), och nyckeln sjelf kan så icke stå fast och säga: jag wet för wisso, att jag har löst dig för Gud, ehwad du tror det eller icke tror det, såsom Petri nyckel kan säga, utan den måste säga: jag löser dig på jorden, men jag wet sannerligen icke, om du derföre är löst för Gud." Se Luthers Folkbibliothek 2 Band. sid. 107. Luthers Werk, Leipziger upplagan XX. 266)

Med anledning häraf gör pastor Mikkelsen följande reflexion: „Wi fråga: Huru kunde Luther eller huru kan någon bruka sådana uttryck, som af honom blifwit brukade, utan att bygga på den grundwalen, att Gud i Kristo har försonat werlden med sig sjelf, i det han icke tillräknade dem deras öfwerträdelser, det är: har förlåtit werlden deß synd? och att denna förlåtelse tillbjudes, gifwes och skänkes i evangelium åt alla, som höra det?" (Trenne wittnesbörd, p.

40). Konkordieformeln betygar „Evangelium är egentligen en sådan lära, som lärer, hwad den menniska, som icke har hållit lagen och derföre är fördömd, skall tro, nemligen: att Kristus har pliktat och betalt för all synd och ernått och förwärfwat utan någon menniskans förtjenst syndernas förlåtelse, den rättfärdighet, som gäller inför Gud, och det ewiga lifwet."

Åter yttrar Luther (Sämmtliche Werke B. 3) E. A. p. 168, 169): „Tänk derefter, att nycklarne och syndernas förlåtelse ej bygges på wår ånger och wärdighet, såsom de (påfwiske) lära och förwränga; ty det är alldeles pelagianskt, turkiskt, hedniskt, judiskt, anabaptistiskt, swärmiskt etc.: utan twärtom att wår ånger, werk, hjerta, och hwad wi äro, skola byggas uppå nycklarna, och med hela wigten tröstefullt derpå förlåta sig såsom på Guds ord och, wid lifs och själs förlust, ju icke twifla, att hwad nycklarna säga och gifwa, det är så wißt, som talade Gud det sjelf; såsom han wisserligen sjelf talar det; ty det är hans befallning och ord och icke en menniskas ord och befallning. Men twiflar du, så straffar du Gud för lögn, förwänder hans ordning, och bygger hans nycklar på din ånger och wärdighet. Ångra skall du, det är sannt; men att syndernas förlåtelse derföre skall wara wiß och nycklarnas werk befästadt, det heter, att öfwergifwa tron och förneka Kristus. Han will genom nycklarna förlåta och eftergifwa dig synderna icke för din skull, utan för sin egen skull, af idel nåd."

„Men se, detta är trösten och kraften af nycklarnes embete, att alla, ja alla synder (inga undantagne) skola wara detta embete underkastade, så att de skola wara antingen bundne eller löste, när detta embete binder eller löser dem; om ock deremot reste sig upp alla djeflar, hela werlden, alla englar, alla wårt hjertas tankar och twifwelsmål, sjelfwa dödens anblick och alla onda tecken. Så uttrycklig och owilkorlig skall aflösningen wara, att ett båfwande samwete kan dristigt derpå förlita sig, och emot sitt eget hjerta trösta sig dermed, i nödens stund, så: „Wålan, mina synder, så många och stora de äro, äro mig allesammans förlåtna genom aflösningen; derpå förlitar jag mig, och will af ingen synd mer weta, allt är borta, allt förlåtet, allt förglömdt! Han, som sagt hafwer: **Allt det I lösen på jorden, skall wara löst i himmelen;** si, han ljuger icke, det wet jag! Är min ånger ej tillräcklig, så är Hans ord tillräckligt. Är jag icke wärdig nog, så är hans lösenyckel wärdig nog. Han är trofast och sannfärdig; mina synder skola icke göra honom till lögnare (sid. 180).

Då den wilkorliga aflösningen är så farlig, att Luther påstår, att påfwen „så widt på honom berott, med den wilkorliga nyckeln och owissa aflösningen, fyllt helwetet“, så är det att hoppas, att wår finska kyrka icke antager en sådan osäker absolution. Till och med herr professor A. F. Granfelt ogillar de gängse formulären. I **Tidskrift för Teologi och Kyrka, 1878 p. 164,** yttrar han: „Ej heller förmå de (kommunikanterne) hemta åt sig någon tröst ur aflösningen, såsom den i enlighet med gängse kyrkoagendor allmännast plägar meddelas. I den swenska kyrkohandboken lyder formuläret så: „Är denna eder syndabekännelse uppriktig, eder bättring allwarlig, eder tro rättskaffens, så försäkrar jag o. s. w.“ Det är en ej sällan gjord anmärkning, att denna formel är affattad i ordalag, som kunna göra äfwen och särdeles en werkligen botfärdig menniska willrådig, om aflösningen angår också henne; ty i samwetets nöd och ångest wågar hon allraminst bygga och lita på sitt swaga, syndiga hjertas bättringsallwar och trosrättskaffenhet, så snart syndaförlåtelsens delaktighet göres häraf anhängig. Ännu ringare skäl har den stora pluraliteten af nattwardsgäster att tillämpa på sig en så gifwen aflösning, och häraf hemta tröst samt styrka för sitt religiösa lif. Förkunnas åter aflösningen efter det föreslagna formuläret i wår kyrka, enligt hwilket skriftefadren tillsäger syndernas förlåtelse åt hwar och en af dem, som af botfärdigt och nådehungrande hjerta aflagt sin syndabekännelse; — så kunna, alla de, hwilka icke wåga tillegna sig dessa begge epitheter, finna här allsintet att hålla sig till, emedan de i så fatta omständigheter se sig helt rätt och slätt förbigångna. Aflösningen är icke för dem." Det är fägnesamt, att en så högt ansedd theolog som professor emeritus Granfelt fällt förkastelsedomen öfwer så affattade wilkorliga absolutionsformulär. Hans resonnemang för öfrigt angående denna sak nödgas wi här lemna å sido, åtminstone tills widare.

Närmaste följden af ordets predikan äro bot och tro. Dessa äro ej orsaken, hwarföre Gud förlåter. De äro ej några faktorer härwid. De äro nödwändiga blott för att göra menniskan tillgänglig för den gudomliga förlåtelsen samt tillegna henne densamma. Utan bot känner ej menniskan behof af nåd. Denna gåfwa är henne likgiltig, åfwen om hon skulle höra det herrligaste evangelium. Utan tron går man den meddelade nåden förlustig, då man ej anammar, hwad Gud gifwer. Bot och tro äro således af mycken wigt för det werkeliga åtnjutandet af syndernas förlåtelse.

Boten werkas hufwudsakligen genom lagen. Af lagen känner man synden. Lagen är ock härmed inkommen, att synden skulle öfwerflöda; men der synden öfwerflödde, der öfwerflödde då nåden mycket mer. Rom. 5: 20. Alla hafwa synd, men få känna den i grunden. Boten måste gå till botten, så att oß blifwer uppdagad wår totala depravation, så att wi finna wår ogudaktighet, wår otro och oförmåga till allt godt, samt till följe deraf wår fördömelsewärdhet. Den som ännu inbillar sig kunna tro på Gud och göra det ringaste, som är godt, af naturlig förmåga, den är ännu obotfärdig och oskicklig att anamma nåden, ty den bygger ännu på sig sjelf. Lagen måste döda oß, på det wi måtte få lif i Kristo. Häraf finner man, huru wigtig syndakännedomen är. Der denna förbises, blifwer det en lösaktighet i kristendomen, som bär dåliga frukter. Detta är ju en tydlig sak; de helbregda behöfwa icke läkare, utan de kranke.

Tron werkas genom evangelii predikan. Så är tron af predikan. Rom. 10: 17. Paulus erinrar Korintierna om det evangelium, han predikat för dem: att Kristus är döder för wåra synder, efter skrifterna; och att han är begrafwen, och att han uppstånden är på tredje dagen, efter skrifterna. 1 Kor. 15. Korteligen: att Kristus är för wåra synders skull utgifwen och för wår rättfärdighets skull uppwäckt. Rom 4: 25. Kristus är utgifwen i döden för oß, derföre förlåter Gud synderna; Kristus är uppstånden ifrån de döda såsom fullkomligt rättfärdig; hans rättfärdighet erbjudes oß. Den som enfaldigt tror denna predikan, honom warder denna tro räknad till rättfärdighet. Då Guds egen Son dött för mig och i mitt ställe, wißt måste jag då tro, att Gud för hans skull är mig nådig. Då Kristus sjelf uppfyllt lagen i mitt ställe och uppstått för att wara min rättfärdighet, wißt måste jag ju då tro, att jag i Honom hafwer en ewig och fullkomlig för Gud gällande rättfärdighet. Den Sonen hafwer, han hafwer lifwet. Det är Guds wittnesbörd, att han oß gifwit hafwer det ewiga lifwet och det lifwet är i Hans Son. Gud har skänkt Kristus åt alla. Evangelium predikas allom kreaturom. Här fordras nu tro. Den der tror och blifwer döpt, han är salig; men den der icke tror, han skall warda fördömd. Orsaken, hwarföre man kommer till fördömelsen, är att man gör Gud till ljugare och förskjuter hans nåd och gåfwa. Tron är sålunda af nöden för salighetens anammande. Nåden och förlåtelsen gå förut; men tron måste följa här på, annars går man förlorad, trots den allmänna nåden.

Nåden och syndernas förlåtelse meddelas och stadfästas äfwen genom de heliga Sakramenterna. I dopet ikläðas wi Kristum och få honom till skänks, med allt hwad han i wårt ställe gjort och lidit; lika som wi sjelfwe skulle hafwa uppfyllt lagen och lidit för wåra synder. Derföre heter det, att dopet hafwer med sig och werkar syndernas förlåtelse m. m. I den heliga **Nattwarden** få wi Kristi lekamen och blod, som är för oß utgifwen och utgjutet till syndernas förlåtelse. Och Luther säger uttryckeligen att syndernas förlåtelse, lif och salighet genom sådana ord **gifne warda**. Äfwen här meddelas således jemte ordet syndernas förlåtelse, hwilken af oß bör tros. Den som tror dessa ord, han hafwer, hwad de innehålla och lofwa, nemligen syndernas förlåtelse. Wi böre således wara wissa om Guds nåd och syndernas förlåtelse, då Gud sjelf försäkrar derom i sitt ord och sina sakramenter.

Detta är wår evangeliska lära, som innehåller idel syndaförlåtelse. Salig den, som tror!

Men ger ej denna predikan om Guds nåd och syndernas förlåtelse anledning till ett lösaktigt och fritt syndigt wäsende? Nej ingalunda, der nåden rätt fattas. Twärtom är nåden det enda rätta botemedlet emot all synd. **När dig är förlåtelse**, säger David, **på det man skall frukta dig**. Häraf finner man, att den sanna gudsfruktan har sin grund i förlåtelsen. Blott den fruktar af hjertat för att synda, som är wiß om den gudomliga förlåtelsen. Synden skall icke wara wäldig öfwer eder, efter I icke ären under lagen, utan under nåden. Så länge man är under lagen och deß dom, är synden wäldig i lemmarne. Men när man är under nåden, krossas syndens wälde. Evangelium bär frukt från den dag, man hör det och förnimmer Guds nåd i sanningen. Kol. 1: 6. Derföre wittnar ock Paulus i sitt bref till Titus: Guds nåd, helsosam allom menniskom, är uppenbarad och lärer oß, att wi skola försaka all ogudaktighet och werldslig lusta, och lefwa tukteliga, rättfärdeliga och gudeliga i denna werlden. Tit. 2: 11, 12. Det är märkwärdigt, att nåden är helsosam för alla. Den werkar ett nytt wäsende och en ny håg. Tron har den helige Ande med sig. Wi ha förloßning från syndens herrawälde, när wi tro på Kristus. Wi stride emot synden, som ännu bor i wårt kött. Alla de, som Kristo tillhöra korsfästa sitt kött med deß lustar och begärelser. Tron har med sig förnyelsen och helgelsen. Der ej dessa följa på tron, der är ej tron rättskaffens.

Genom tron warder man ock förlossad från djefwulens och dödens wälde. Man är försatt i Guds rike och frälst från mörkrets wäldighet. Man har andeligt lif och frid samt hopp om ewig herrlighet, då Jesus beredt oß rum i salighetens boningar. Genom tron är man förwissad och har hopp om ewinnerligt lif.

Förr än wi affluta denna afdelning, beder jag ännu att få kasta en flygtig blick på lektor P. Waldenströms lärosystem samt på de möjliga följderna deraf. P. W. har bildat sig en orätt uppfattning af Guds wäsende, så att han förringar Guds absoluta rättfärdighet och sannfärdighet. Deraf härleder sig hans påstående, att Gud ej för syndens skull behöft blidkas. Derigenom förkastar han försoningen i deß egentliga betydelse. Och på detta sätt är Guds Sons menniskoblifwande mindre wigtigt. Kristi offerdöd är ej af nöden. Ja, hans död i wårt ställe i det han påtager sig wåra synder, lider och dör samt sålunda befriar oß från lagens förbannelse, Guds wrede och fördömelsen, allt detta förnekas bestämdt af P. W., trots de tydligaste wittnesbörd härom i Guds ord. Med anledning häraf förwränger P. W. Guds heliga ord och sakramenter. Guds lag försloas, så att man föreställer sig att Gud ej werkeligen är så sträng, som han föregifwer. Han fordrar ej owilkorligt straff för hwarje synd, ehuru det heter, att hwar och en är förbannad, som ej fullbordar allt, som skrifwet är i lagboken. Huru skulle Gud kunna wara så hård? Nej, han jemkar med sig, blott menniskan blifwit litet helst dräglig. Så tyckes P. W. anse. Evangelium förwränges ock, såsom wi sett, på det gröfsta, då det enligt P. W. ej förkunnar Guds nåd och syndernas förlåtelse för Kristi och hans förtjensts skull. Kristus har ej förwärfwat oß Guds ynnest och förlåtelse. Gud förlåter äfwen deßförutan, blott man ångrar, bekänner och afbeder synden, tror på den allmänna, omedelbara barmhertigheten, samt försöker att öfwergifwa sitt syndiga wäsende. En syndaförlåtelse, som är förwärfwad, är enligt Wittnet 1877 endast „resultatet af teologisk spekulation.“ Kristus är sålunda icke wår salighetsgrund, hwarken hwad deß förwärfwande eller tillämpande beträffar. Nej, han har endast kommit att förkunna förlåtelse, men ej för att förwärfwa den. P. W. har sålunda ej någon stadig rättsgrund för saligheten. Han mißtyder uppenbart hela Guds evangelium.

Äfwen sakramenternas werkan förflygtigas af P. W. Med afseende å dopet förnekar han att wi der ikläda oß Kristi förwärfwade salighet och rättfärdighet. Se Wittnet 1877 p. 326. Med afseende å nattwarden förklarar det waldenströmska Wittnet 1877 p. 369, att Jesus instiftat den blott på det hans lärjungar skola hålla denna måltid till hans döds åminnelse samt befästas i gemenskapen med honom och med hwarandra inbördes. Sedan tillägges det: „Är detta riktigt, då måste det wara oriktigt att säga: Man bör gå till nattwarden för att få syndernas förlåtelse och salighet. Detta sednare swar är dock grundadt i Luthers lärdom i hans katekes.“ Och på ett annat ställe yttras härom, p. 329: „Från hwilken sida man alltså ser saken, blifwa Luthers ord icke riktiga.“ Sålunda klandras Luthers förklaring, att wi i nattwarden få syndernas förlåtelse, lif och salighet, ehuru Jesus sjelf försäkrar, att hans lekamen är utgifwen och hans blod utgjutet till syndernas förlåtelse. Luther klandras här och mångenstädes, emedan han har en helt annan lära än P. W. och deß anhang. Ehuru det i 3:dje trosartikeln heter: **jag tror syndernas förlåtelse**, så förnekas till och med detta af Waldenströms Wittne. Är det möjligt, att det kan gå så långt? Ja, med oförtäckta ord försäkras det i samma årgång p. 338: „**Aldrig står det, att jag skall tro syndernas förlåtelse och en förwärfwad rättfärdighet.** Hör, hör, här nekas, att man skall tro syndernas förlåtelse. Dock heter det i skriften, att wi hafwa förloßning genom Kristi blod, nemligen syndernas förlåtelse. Wisserligen skall den då tros! Att förneka tron på syndernas förlåtelse och en förwärfwad rättfärdighet är således någonting fasligt. I kristne folk och slägten, hwad tänken I om en sådan lära? Alla märka wäl, hwarifrån en sådan är hemma! Å samma pagina förnekas det till och med att „**hela werldens synd borttogs, då Kristus dog på korset.**“ Detta är ju så gräseligt att håret måste resa sig wid tanken på sådana försmädelser emot evangelium. Hwilken kristen kan numera förswara ett så fräckt förnekande af de wigtigaste sanningar. Alla måste ju hisna, bäfwa och förskräckas, då man förnimmer sådant. Då pastor Beskow förswarar densamma satsen, att hela werldens synd borttogs, då Kristus dog på korset och att ingen blir salig, som ej tror detta, då utropar Wittnet: „Må Gud förlåta B. den synden!“ Här stå wi slagna med yttersta häpnad och weta ej mera, hwad wi skola säga, så förfärlig är en sådan bön.

Då P. W. sålunda förwränger ordets och sakramenternas hufwudsakliga betydelse och kraft, kan af en sådan lära ej werkas hwarken sann bot eller tro. P. W. talar wißt om nödwändigheten af syndakännedomen, men då enligt hans uppfattning lagens fordringar ej äro djupa och allwarliga, blifwer syndakännedomen ytlig. Isynnerhet lär man sig ej känna sin naturliga ogudaktighet, otro och fördömelsewärdhet. Äfwen tron kan ej blifwa rätt, då den ej byggs på Kristi förtjenst, utan man litar blott på må-få på

Guds barmhertighet, hwilket för ett skuldbelastadt hjerta är alldeles omöjligt. Tron framställes såsom något helt naturligt. Såsom hedningarna lita och förtrösta på sina afgudar, alldeles så skola äfwen de kristna lita på sin Gud, menar P. W. någorstädes i Pietisten. Hwad behöfwes här då den helige Andes werkan?

Hufwudsaken af Kristi återlösningswerk förnekas af P. W., blott det medgifwes, att Kristus återlöst oß från syndens, djefwulens och dödens wåld. Men då den rätta grunden saknas, kunna ej heller dessa frukter genom P. W:s lära frambringas. Då ej en rätt tro på Kristus förefinnes, så kan ej heller förnyelsen och helgelsen följa. Man förblifwer i grunden i sitt gamla wäsende, hwilket man försöker uppstoffera, för att göra den adamitiska naturen helig. Man saknar den sanna förtröstan till Gud och går med ett ondt samwete. Man fruktar ej Gud, utan är i sitt sinne förmäten, så att man wågar förwränga allt Guds ord efter sina egna hugskott. Allt Guds ord måste förklaras och rätta sig derefter. Om än tusende sinom tusende sanningens wittnen rätt uppfattat ordet, så är man så uppblåst, att man twärsäkert anser sin motsatta uppfattning såsom den enda rätta. Man kan ej af hjertat älska Gud, då man ej lefwer af den oförskylda nåden. Man kan ej bedja och tacka Gud rätt. Man är twärtom i ett wrångt sinne emot Gud. Man älskar ock icke sin nästa, och isynnerhet icke Kristi helgamannasamfund. Alla sanningens bekännare mißtydas och hånas såsom fariseer och skriftlärda. Man är en uppenbar fiende till Guds församling.

Ej heller kan man wara fri från djefwulen, utan den onde bor just förnämligast i alla irrlärare, hwilka kallas djefwulens apostlar och sändebud; ja liknas wid helwetets portar. Af hwem har djefwulen mera gagn än af en falsk lärare, som sjelf är tjust af mörkrets makter och förleder tusende med sig i samma fördömelsewärda willfarelser. Hos sådana har djefwulen förskapat sig i en ljusens engel.

Man är ej heller fri från dödens wälde, så länge man följer willfarelsens irrbloß. Man förblifwer i den andeliga döden, äfwen under ett gudaktigt sken. Man werkar mycket, men förgäfwes. Allt länder till fördömelse. Man måste en gång dö och sedan är domen. Och äfwen om man berömmer sig, att man predikat och gjort många mäktiga gerningar, får man dock ur domarens mun höra: Jag kände eder aldrig; går bort ifrån mig, I ogerningsmän!" Sådant är slutresultatet af willfarelsen!

Wi ha nu nogsamt funnit, att P. Waldenström har ett helt annat system än wår evangeliskt lutherska kyrka, och jag är på det fullaste öfwertygad, att hans system i hufwudsak är i rak strid emot den heliga skrifts lära. Han utgår från sitt blinda förnufts föreställningar och bibelns lära måste jemkas derefter. Men bibelns grund kan ej kullkastas. Det är fåfängt att spjerna emot udden!

Det är förwånanswärdt, att P. W. kunnat falla så djupt i willfarelse och med så hänsynslös djerfhet wågar uppträda emot wår evangeliska lära. Det är äfwen undranswärdt, att så många med tjusning följa honom på hans farliga willostig. Detta ådagalägger ett grufligt lättsinne. Måtte Gud ännu wäcka mången till besinning!

Man påstår att P. W. utgått från nyevangelismens läger, ifrån den ena ytterligheten till den andra. Det är ju möjligt, att en ultraevangelism förefinnes, ty alltid innästlar sig äfwen ogräs ibland hwetet. Det finnes ju menniskor, hwilka, då de höra evangelium, göra sig en tanke deraf, hwilken de inbilla sig wara tro, ehuru de ännu äro obrutna i sitt köttsliga sinne och lita på sina subjektiva känslor. Då de tycka sig wara wissa om syndernas förlåtelse, anse de detta för tro, oaktadt de ej äro rotade på klippan Kristus. Deras tro är wansklig. När känslorna upphöra och när synden blir rätt uppenbar, då upphör dergs tro och de söka sedan oftast sin ro i egenrättfärdighet. Det finnes äfwen många, som braska med sin lösa tro och hwilka draga Guds nåd till lösaktighet; sådana som ringa akta den sanna boten och lifwets helgelse. Ifrån en sådan ståndpunkt går man lätt öfwer till motsatt ytterlighet. En sådan nyevangelism will jag för ingen del förswara. Jag måste ogilla den på det högsta, och jag will ej taga parti af några extravaganser.

Det är glädjande, att den evangeliska riktningen i Finland för ingen del är gynnsamt stämd emot P. W:s nya försoningslära. Det wore ju ock förfärligt att kunna instämma i sådant.

Det ser deremot ut, såsom en stor del af dem, som i Swerige företrädeswis hyllat evangelium, skulle följa P. W.. i spåren. Ja, det ser ut, som den sanna uppfattningen af evangelium från flere håll der betraktas med mißtroende. Dock Kristi kyrka lefwer äfwen der, och jag är förwissad, att ej alla evangelii bekännare falla af. Det bewisas af det motstånd P. W. röner. Jag är wiß derpå, att det äfwen i Swerige ännu finnes en sannt evangelisk hop, som djupt bedröfwas af P. W:s nya läror och hwilka i tron lefwa af Kristi evangelium. Med dem få wi i andanom fröjdas och tacka Gud för hans oändeliga nåd och barmhertighet i Kristo.

Gud Fader, dig nu prisar jag, Som skapat allt och än i dag Bewarar allt med Faders hand. Ditt ord du sänder i all land; Din Son du har mig gifwit här: Deß tackar jag Dig, Fader kär!

Guds Son, o Herre Jesu Krist, Mig hafwer Du stor nåd bewist, Att Du sann mandom på dig tog Och uppå korset för mig dog, Dermed min synd afplanad är: Deß tackar jag dig, broder kär!

Guds Helge And', min tröstare, Som nådens ljus mig låtit se, Mig gjort i dopet till Guds barn

Och hulpit mig ur satans garn; Du helgar, tröstar, gifwer mod: Deß tackar jag dig, Ande god!

Högtlofwade Treenighet, Stor salighet du mig beredt, Gif nåd att lefwa kristelig Och sist min själ befalla dig; Så skall jag med osäglig fröjd Lofsjunga dig i himmelshöjd! Amen.

II.

Några jemförelser emellan den Lutherska och Waldenströmska läran.

1) Några anföranden ur den Lutherska kyrkans bekännelseskrifter.

För undwikande af widlyftighet beder jag att få hänwisa till det, som jag i **Wittnesbörd för den lutherska läran om rättfärdiggörelsen**, pagg. 45—72 yttrat.*). Jag inskränker mig nu endast till några få citater samt anställer emellan dem och P. W:s lära några i ögonen fallande jemförelser. Först skola wi litet gifwa akt på det, som wår kyrka lärer om det menskliga förderfwet. Kännedom om synden war den lutherska reformationens utgångspunkt. Luthers lifs erfarenhet är känd. Om någon så har han känt syndens tyngd, deß förkastlighet inför Gud och den naturliga menniskans totala oförmögenhet att omwända sig till Gud. Och denna erfarenhet delar den kyrka, som nämnes efter honom. Så heter det i **Augsburgiska Bekännelsen**, andra artikeln, om arfsynden: „Widare läres hos oß, att efter Adams fall alla menniskor, alltifrån moderlifwet, äro fulla af ond lusta och begär och icke kunna af naturen hafwa någon sann tro på Gud, och att denna medfödda sjukdom eller arfsynd, är en werklig synd, och fördömer under Guds ewiga wrede alla, hwilka icke genom dopet och den

*) Jemför äfwen S. L. Bring, Grunddragen af den kristliga troslärn. Andra delen, 1 häftet pagg. 113—118, d:r Philippis Dogmatik m. fl.

Heliga Anda blifwa födda på nytt." I Apologien I pag. 49*) anmärkes det att „när de (skolastiske lärarena) tala om arfsynden, nämna de ej det ringaste om de större och swårare den menskliga naturens fel och swagheter nemligen att menniskan icke känner Gud, att hon föraktar Gud att hon ingen gudsfruktan hafwer, ej heller på Honom förtröstar, att hon hatar Guds dom, flyr den dömande Guden, förtörnas på Gud, mißtröstar om hans nåd och sätter allenast sin lit och förtröstan uppå för ögonen warande ting, med mera." Pag. 53: „Sjelfwa saken betygar, att de sednare tiders theologer icke rätt förstått, hwad fäderne egentligen menat med ordet förlust af den första rättfärdigheten. Men kännedom om arfsynden är nödwändig; ty man kan icke rätt förstå storheten af Kristi nåd, utan att wi känna wåra egna fel och brister. All menniskans rättfärdighet är för Gud idel skrymteri, så framt wi icke erkänna, att hjertat af naturen är utan kärlek till Gud, utan gudsfruktan och utan förtröstan på Gud. Derföre säger profeten: **Sedan jag lärde weta, slår jag mig uppå länderna** (Jer. 31: 19). Och David: **Jag sade i min häpenhet, alla menniskor äro lögnaktige** (Ps. 116: 11), det är, de hafwa icke rätta tankar om Gud." Det samma betygas äfwen af wåra öfriga symboliska böcker t. ex. Schmalk. Art. III, och Konkordieformeln Epit. och Sol. Decl. Art. I. Jag anser det såsom ett wäsentligt fel äfwen hos nyare tiders theologer, att de icke känna eller erkänna djupet af det menskliga förderfwet. Såsom wi i det föregående sett, är detsamma förhållandet äfwen med P. W., då han anser, att menniskan kan tro Gud om godt samt förtrösta på hans nåd, utan att hans wrede öfwer synden behöft försonas. Han tager tron alltför lättsinnigt utan att besinna, att det är just menniskans djupaste oförmåga, att hon ej kan tro på

---

*) Concordia Pia. Gefle 1854.

Gud utan den Helige Andes werkan. Redan från början ha wi funnit, att P. W. hufwudsakligen påyrkat: **tro nåden, tro nåden!** och det tyckes, att han ej sjelf ännu erfarit, huru omöjligt detta är af naturlig förmåga. Detta anser jag wara grunden till alla hans willfarelser. Detta gör, att hela hans system bygges på lösan sand. Han medgifwer wißt mycket förderf, men går ej på djupet. All egen wishet och förmåga i andeliga ting måste enligt ordet förnekas. Allesamman äro onyttige wordne. Utom Kristus förmå wi icke det ringaste!

Jag will ännu anföra några wittnesbörd från wår kyrkas symboliska böcker, hwilka bewisa att detta är denna wår kyrkas lära, att wi icke genom wår egen wärdighet, rättfärdighet eller förtjenst kunna blifwa saliga, utan att Jesus Kristus Guds Son sjelf har blifwit menniska, har påtagit sig wåra synder, för deras skull i wårt ställe lidit syndastraffet och lagens förbannelse samt i sin död försonat oß med Gud, hwilken endast för hans skull förlåter oß synderna och att Sonen i wårt ställe fullbordat lagen, så att hans rättfärdighet tillräknas dem, som tro; huru endast genom en sådan tro den Helige Ande undfås och Andens frukter i oß frambringas; att denna lära derföre är af största wigt. Hwad lära då dessa symboliska böcker om dessa sanningar? Wi anföra här endast några kortare spridda yttranden:

Augsb. Bek. 20 Artikeln, pag. 20. „Först, att wi med wåra gerningar icke kunna försona Gud och förwärfwa nåd, utan detta sker allenast genom tron, när man tror, att synderna warda oß förlåtna för Kristi skull; hwilken allena är medlaren, som försonat Fadren. Den som nu menar sig uträtta detta genom gerningar, och förtjena nåd, han föraktar Kristus och söker en egen wäg till Gud twärtemot evangelium. Denna lära om tron är af Paulus på många ställen tydligt och klart afhandlad, isynnerhet i Ef. 2: 8. **Af nåden ären I frälste, genom tron, och det**

icke af eder; Guds gåfwa är det; icke af ger ningarne, på det ingen skall berömma sig. — — Ehuru nu denna lära hos oerfarna menniskor mycket föraktas, så förhåller det sig dock så, att hon för blödiga och förskräckta samweten är ganska tröstefull och helsosam, ty samwetet kan icke komma till frid och ro genom gerningar, utan allenast genom tron, da det blifwer sannerligen öfwertygadt om, att det hafwer en nådig Gud för Kristi skull, såsom ock Paulus säger, Rom. 5: 1. Medan wi nu rättfärdige wordne äre af tron, hafwe wi frid med Gud genom w. Herra Jesum Kristum."

Apologien II, pag. 63. „Fördenskull, emedan menniskorna icke kunna af egna krafter hålla eller fullborda Guds lag och de alla äro under synden och skyldiga till den ewiga wreden och döden, så kunne wi icke genom lagen befrias ifrån synden och rättfärdiggöras, utan löftet blifwer oß gifwet om syndernas förlåtelse och rättfärdiggörelse för Kristi skull, hwilken för oß gifwen är, att han skulle tillfyllestgöra för werldens synder och är satt oß till en medlare och försonare. Och detta löfte går icke något afseende på wåra förtjenster, utan tillbjuder oß syndernas förlåtelse och rättfärdiggörelse af nåd, såsom Paulus säger: **Är det nu af nåd, så är det icke af gerningar.** Rom. 11: 6. Och på ett annat ställe: **Nu är Guds rättfärdighet utan lagens tillhjelp uppenbar worden**, Rom. 3: 21. Det är, syndernas förlåtelse warder oß af nåd tillbjuden. Försoningen beror icke af wåra förtjenster; ty om syndernas förlåtelse berodde af wåra förtjenster, och försoningen wore af lagen, så wore hon onyttig. Ty emedan wi icke hålla lagen, så skulle ock deraf följa, att löftet om försoningen skulle oß aldrig wederfaras. Samma slutsats gör Paulus uti Rom. 4: 14, sägande: **ty om de, som lyda till lagen, äro arfwingar, så är tron onyttig worden, och löftet är blifwet om intet.** Ty om löftet fordrade wåra förtjenster, såsom wilkor, och lagen, så skulle deraf följa, att löftet wore onyttigt, emedan wi aldrig kunna hålla lagen.

Apol. pag. 65. „Kristi förtjenst är lösepenningen, emedan det måste wara någon wiß försoning för wåra synder.“

Pag. 69. „Synden förskräcker samwetet och det sker genom lagen, som wisar Guds wrede öfwer synden; men wi öfwerwinna den dock genom Kristus. Huru? Genom tron, då wi uppmuntras genom förtröstan på den utlofwade barmhertigheten för Kristi skull. På detta sätt bewisa wi således denna andra del, Guds wrede kan icke försonas, om wi sätta wåra gerningar deremot, ty Kristus är oß satt till en försoning, på det Fadren för hans skull må blifwa oß nådig.“

Pag. 72. „Uti brefwet till de Romare afhandlar Paulus förnämligast detta, och wisar uttryckligen, att wi af nåd rättfärdige warda genom tron, om wi tro, att Gud är oß nådig för Kristi skull. Och denna sats, som innehåller sjelfwa hufwudsaken af hela detta bref, framställer han i det tredje kapitlet: **Så hålla wi nu det, att menniskan warder rättfärdig af tron, utan lagens gerningar.** Rom. 3: 28. Detta uttyda wåra motståndare om de Levitiska ceremonierna. Men Paulus talar icke allenast om ceremonierna, utan om hela lagen; ty han anförer sedan utur tio Guds bud: **Du skall icke begära.** Rom. 7: 7. Och om utwärtes werk och gerningar förtjente syndernas förlåtelse och rättfärdiggörelse, så behöfwa wi då hwarken Kristus eller löftet, och då skulle allt det ramla, som Paulus talar om löftet.“

Anm. Äfwen här finna wi en skiljaktighet emellan wår kyrkas och P. W:s lära; ty P. W. anser, att Kristus frälsat oß endast ifrån ceremoniallagen.

Pag. 74. „Att anföra eller åberopa sig på Kristi namn, det är att förtrösta på Kristi namn, såsom på orsaken eller lösepenningen, för hwars skull wi salige warda.“

Pag. 83. „Wi tale här om en wigtig sak, nemligen om Kristi ära och hwaraf alla fromma själar måga söka en wiß och fast tröst: antingen wi böra sätta wår förtröstan på Kristus eller på wåra egna werk och gerningar. Skola wi sätta densamma på wåra gerningar, så betaga wi Kristus den ära, som honom, såsom wår medlare och försonare tillkommer, och wi skola dock inför Guds dom förnimma, att denna förtröstan är fåfäng, och att många samweten derigenom råka i förtwiflan. Men om syndernas förlåtelse och försoningen icke wederfares oß af nåd för Kristi skull, utan för wår kärleks skull, så skall ingen erhålla syndernas förlåtelse, så framt han icke uppfyllt hela lagen, ty lagen gör oß icke rättfärdige, sålänge hon kan oß anklaga. Det är således klart, att, emedan wår rättfärdiggörelse intet annat är än en försoning med Gud genom Kristus, wi genom tron skola för Gud rättfärdige warda, ty det står fast och oryggligt, att wi genom tron allena undfå syndernas förlåtelse."

Anm. Här angifwes hufwuddifferensen emellan wår lära och alla werklärares. De sednare grunda ej på Kristi förtjenst allena. De äro ej Guds rättfärdighet undergifna, utan söka upprätta sin egen rättfärdighet, samt gå så förlorade. De förringa Kristi ära och föra många med sig i förderfwet.

Pag. 87. „Kristi död och tillfyllestgörelse, som oß skänkt och gifwen är, bör ju sättas långt framför wår renhet, ja ock långt öfwer sjelfwa lagen, på det wi tro skola, att wi för samma tillfyllestgörelses skull hafwe en nådig Gud, och icke för wårt uppfyllande af lagen. Detta lärer Paulus till de Galater, i kap. 3: 13, då han säger: **Kristus hafwer förlossat oß från lagens förbannelse, då han wardt en förbannelse för oß**, det är, lagen fördömer alla menniskor; men Kristus, i det han sjelf utan synd undergick syndens straff, och är worden ett offer för wår skull, har borttagit all den rätt, som lagen på oß nade, på det han icke må anklaga eller fördöma dem, som tro på honom; förty han sjelf är försoningen för dem, för hwilken försonings skull de nu warda rättfärdige räknade. Och emedan de warda rättfärdige räknade, så kan icke lagen anklaga eller fördöma dem, änskönt de i sjelfwa werket icke hafwa tillfyllestgjort lagen. Äfwen i samma mening skrifwer han till de Kol. kap. 2: 10, sägande: **Uti Kristo ären I fullkomne**, liksom wille han säga: ehuruwäl I ännu ären fjerran ifrån lagens fullkomlighet, så fördömer dock icke det återstående af synden eder, förty wi hafwe en wiß och fast försoning för Kristi skull, allenast wi tro, änskönt synden sitter qwar uti wårt kött och låder alltid wid oß. Wi böre alltid hafwa det Guds löfte för oß, att Gud för sitt löftes skull för Kristi skull will wara oß nådelig och will göra oß rättfärdige, icke för lagens eller för wåra gerningars skull. Uti detta löfte böra de förskräckta samweten söka försoning och rättfärdiggörelse; med detta löfte böra de sig uppehålla och styrka och förwisso tro, att de hafwa en nådig Gud för Kristi skull och för hans löftes skull."

Pag. 96. „Den menskliga wisheten ser allenast på lagen och söker deruti rättfärdigheten. Derföre prisa äfwen de skolastiska lärarena, som woro stora och skarpsinniga män, det högsta lagens werk så högt, att de tillegna samma werk rättfärdiggörelsen. Men bedragna af mensklig wishet hafwa de icke sett Moses' afttäckta, utan betäckta ansigte, såsom de fariseer, filosofer och mahomedaner. Men wi predika och beröma Evangelii galenskap, uti hwilket en annan rättfärdighet uppenbarad är, nemligen, att wi för Kristi, den rätta försonarens skull warda rättfärdige räknade, när wi tro, att Gud är oß nådig för Kristi skull. Wi weta wäl huru långt denna lära är skild ifrån förnuftet och lagens lära; wi weta wäl, att lagens lära om kärleken är mycket ansenligare inför werlden; ty hon kallas wishet. Men wi skämmas icke wid evangelii galenskap, hwilket wi för Kristi namns pris och äras skull förswara, och bedje Kristus, att Han med sin Heliga Anda må hjelpa oß, att wi må kunna densamma uppenbara och förklara."

Anm. Allt ifrån fallets dag har det gifwits twenne motsatta andliga riktningar; det finner man redan af Adams söner Kain och Abel. Begge offrade, men Kain förtröstade på sin egen fromhet och sitt offrande, då deremot Abel offrade i tron på den kommande Frälsaren. En del menniskor följa sitt blinda förnuft och söka upprätta sin egna rättfärdighet, hwarmed de drista träda inför den rättfärdige Guden; men en annan del förtwiflar på allt eget och tröstar sig endast dermed, att Jesus Kristus Guds Son fullgjort allt i deras ställe och att de iklädde hans fullkomliga rättfärdighet wåga sig fram till domen. Dessa olika riktningar skola fortfara intill dagarnas ända. Och det skall alltid wara strid dem emellan, emellan qwinnans säd och ormens säd. „Läran om werkhelighet måste wara den första emot evangelium, blifwer wäl ock den sista; änskönt hon får beständigt nya lärare och andra namn", säger Luther. Oaktadt P. W. i sin tidigare period förswarade evangelii lära, har han ej kunnat hålla stånd, utan har öfwergått till den menskliga egenrättfärdighetens wäg, samt söker så mycket som möjligt nedsätta Guds frälsningswäg och den allena för honom gällande rättfärdigheten. De som sådant göra, liknas här wid fariseer, filosofer och mahomedaner, med hwilka de i grunden mera öfwerensstämma, än med Kristi sanna kyrka. Guds därskap är wisare än menniskors wisdom! Det är fåfängt att söka nedrifwa den af Gud lagda grunden! Alla menskliga försök skola upplösas såsom dwärgnät, och Herran och hans församling skall behålla segren.

Schmalkaldiska Artiklarna wittna äfwen kraftigt om wigten af trons lära. Så heter det i andra delen: „Detta är den första och förnämsta artikeln, att Jesus Kristus, Gud och wår Herre, är för wåra synders skull död, och har för wår rättfärdighets skull uppstått, Rom. 4. Och att han sjelf allena är det Guds Lam, som borttager werldens synder, Joh. 1. Och att Gud har kastat allas wåra synder uppå honom, Es. 53. Alla hafwa de syndat, och warda rättfärdiga utan förskyllan, utan gerningar och egna förtjenster, af hans nåd, genom den förlosning, som är i Jesu Kristo, i hans blod, Rom. 3. Då det är nödwändigt att tro detta, och detta icke kan förwärfwas eller fattas genom någon gerning, lag, eller förtjenst, så är det säkert och uppenbart, att endast denna tro gör oß rättfärdiga, såsom Paulus Rom. 3 säger: Så hålle wi nu det, att menniskan warder rättfärdig genom tron, utan lagens gerningar. Äfwenså: på det han må sjelf wara rättfärdig och göra den rättfärdig, som är af Jesu Kristi tro."

„Att wika ifrån denna artikel eller att tillstädja eller medgifwa något i strid mot denna, det kan ingen gudfruktig, äfwen om himmel och jord och allt skulle störta tillsammans. Ty det är intet annat namn menniskorna gifwet, genom hwilket wi kunne salige warda (säger Petrus Ap. G. 4). Och genom hans sår äre wi helade. Es. 53. Och i denna enda artikel förefinnes och består allt, hwad wi under wårt lif läre, wittne och göre emot påfwen, djefwulen och hela werlden. Derföre måste wi wara wissa på denna lära, och ingalunda twifla, annars är det alldeles ute med oß, och påfwen, djefwulen och alla wederwärdigheter behålla emot oß rätt och seger."

I Formula Concordiæ II Pars. Sol. Decl. heter det om trons rättfärdighet inför Gud:

„Wi bekänne, att Kristus är wår rättfärdighet hwarken efter den gudomliga naturen allena, ej heller efter den menskliga naturen allena, utan hela Kristus är det efter båda naturerna i hans lydnad, hwilken han såsom Gud och menniska bewisat sin Fader in i döden och derigenom har förtjent oß syndernas förlåtelse och det ewiga lifwet." — — „Tron gör rättfärdig, icke derföre att den är ett så godt werk och en så skön dygd, utan emedan den i det heliga evangelii löfte fattar och annammar Kristi förtjenst; ty densamma måste genom tron tillämpas och oß tillegnas; att alltså den rättfärdighet, som för Gud af blott nåd tillräknas tron eller de troende, är Kristi lydnad, lidande och uppståndelse, då han för oß fullgjort lagen och betalt för wåra synder. Ty emedan Kristus icke allenast är en menniska, utan Gud och menniska i en oskiljaktig person, så har han så liten för sin egen skull warit underkastad lagen, (emedan han är lagens Herre) som han till sin person warit skyldig att lida och dö. Derföre tillräknas oß hans lydnad till rättfärdighet, icke allenast i hans lidande och död, utan ock att han i wårt ställe friwilligt underkastat sig lagen och har uppfyllt den med denna sin lydnad, att Gud för en sådan fullkomlig lydnads skull, som Kristus i görande och lidande, i lif och död för oß bewist sin himmelske Fader, förlåter synderna, räknar oß för fromma och rättfärdiga, och gör oß ewigt saliga (Ipsius obedientia nobis ad justitiam imputatur, ita ut Deus propter totam obedientiam, qvam Christus agendo et patiendo, in vita et morte sua nostra causa Patri suo coelesti praestitit, peccata nobis remittat, pro bonis et justis nos reputet et salute aeterna donet)." Men emedan denna Kristi lydnad icke är allenast den ena naturens utan hela personens, så är den en fullkomlig tillfyllestgörelse och försoning för hela menniskoslägtet, hwarigenom den ewiga och oföränderliga Guds rättfärdighet, som är uppenbarad i lagen, blifwit tillfyllestgjord (aeternae et immutabili justitiae divinae satis est factum), och är alltså wår rättfärdighet, som för Gud gäller, som är uppenbar i evangelium, hwarpå tron inför Gud förtröstar, hwilken Gud tillräknar tron „(Rom. 5: 19; Joh. 1 ep. 1: 7; Rom. 1: 17; Hab. 2: 4).“ — — „Sålunda räknas oß hwarken den gudomliga eller menskliga naturen för sig till rättfärdighet, utan hela personens, som tillika är Gud och menniska, lydnad. Och tron ser alltså på Kristi person, huru densamma för oß är gjord under lagen, har burit wåra synder, och i hela sin gång till Fadren har för oß arme syndare bewisat sin himmelske Fader en fullkomlig lydnad, ifrån sin heliga födelse ända in i döden, och har dermed betäckt all wår olydnad, som är i wår natur, deß tankar, ord och gerningar, så att denna icke räknas oß till fördömelse, utan af blott nåd för Kristi skull förlåtes och tillgifwes.“

„Derföre och på det att bedröfwade hjertan må hafwa en beständig och wiß tröst, åfwensom att Kristi förtjenst och Guds nåd må gifwas deß tillbörliga åra, så lärer skriften, att trons rättfärdighet inför Gud består allena i syndernas nådiga försoning eller förlåtelse, hwilken skänkes oß af blotta nåd för den enda Medlaren Kristi förtjensts skull, och allena genom tron på evangelii löfte emottages. Alltså förlitar sig tron i rättfärdiggörelsen inför Gud hwarken på ångern, eller på kärleken och andra dygder, utan allenast på Kristus och i detsamma på hans fullkomliga lydnad, hwarmed han för oß har uppfyllt lagen och hwilken tillräknas de trogna till rättfärdighet.“

Konkordieformeln, pag. 535. „Denna artikel om trons rättfärdighet är den förnämsta, såsom apologien säger, uti hela den kristna läran, utom hwilken artikel bedröfwade samweten ej kunna hafwa någon sann och fast tröst, eller rätteligen känna Kristi nåds rikedom. Det har d:r Luther åfwen med sitt wittnesbörd stadfäst, då han säger: Om denna enda artikel förblifwer oförfalskad, så blifwer den kristliga församlingen också oförfalskad, endrägtig och utan alla sekter; men om den förfalskas, är det omöjligt, att man rätt kan emotstå en enda willfarelse eller fanatisk anda. Och om denna artikel talar den helige Paulus isynnerhet, då han säger, Gal. 5: 9: Litet surdeg försyrar hela degen. För samma orsaks skull yrkar Paulus, uti denna artikel, med stor flit och ifwer på dessa uteslutande ordasätt, nemligen utan lagen, utan gerningar, af nåd, utan förtjenst, 1 Kor. 5: 6; Rom. 3: 28; Ef. 2: 8, 9, medelst hwilka menniskans gerningar uteslutas, för att dermed wisa, att det är ganska nödigt, att icke allenast den oförfalskade läran klarligen utwecklas i denna artikel, utan också en antithesis eller motsats dertill uppsättes, och alla emot sanningen stridande satser skiljas, uteslutas och förkastas ifrån den kristliga läran."

Reformatorerne fästade således synnerlig wigt wid Kristi werk, hans död och uppståndelse i wårt ställe samt tillräknandet af hans rättfärdighet med tron omfattad. Dessa hufwudläror will P. W. tillintetgöra. Då grunden tages bort, ramlar hela byggnaden. I motsats till P. W:s reformationsförsök wilja wi derföre hwila wid det hwad wår dyre Frälsare gjort för oß. Den grunden kan ej wackla. Men alla de, som förkasta Kristi rättfärdighet, skola till skam warda!

Guds ord och Luthers lära ej
I ewighet förgås, o nej!
Wi det i tron besinna.
Hwad mot wår lära blifwit sagdt
Är långesedan wederlagdt.
Hwar man kan det ju finna.

2) Några wigtiga erinranden med afseende å d:r Luthers lära i motsats till den Waldenströmska.

Wi hafwe redan i det föregående anfört widlyftiga yttranden af d:r Luther samt wid dem anställt jemförelser med P. W:s lära, hwarigenom wi tydligt funnit motsatsen emellan dessas läror. Wi få ännu korteligen gifwa akt på deras olika **princip och method.***)

För Luther är läran om werldens försoning och återlösning genom Kristus i sammanhang med läran om syndarens rättfärdiggörelse inför Gud af högsta wigt. Och det är just dessa hufwudläror, hwilka P. W. will i grund förwränga; ja han will hafwa dem i deras rätta uppfattning bort från hela den kristliga lärokomplexen. Låtom oß till att börja med gifwa akt på, hwad Luther sjelf yttrar om dessa läror i sin förklaring af Esaie 53 kapitel. Se **doct. Martin Luthers skrifter. I ett efter tidens behof lämpadt urwal.** Öfwersättning efter andra, tillökta upplagan af **P. A. Sondén.** Femte delen. Stockholm, 1829.

Pag. 96. „Wi stå på denna text, som är hufwudstycket och grunden af hela skriften, hwarefter alla andra språk måste låta rätta och lämpa sig, nemligen: **Han bar wår synd och han är slagen för wåra synders skull m. m.**"

Pag. 97. „Derföre måste du antingen låta denna text stå, att Kristus genom sitt lidande och sina sår bär och betalar wår synd, och icke wi med wåra gerningar; eller måste du förneka Kristum, och säga att han har dött förgäfwes. — — Och jag håller synnerligen af denna text derföre, att han så naket och kraftigt framställer denna artikel: **Kristus har burit wår synd,** och dermed insätter och bekräftar hela det Nya Testamentet, ja, är den enda grunden

---

*) Jemför det särdeles upplysande arbetet: **Luthers Theologie** mit besonderer Beziehung auf seine Versöhnungs- und Erlösungslehre von d:r **Theod. Harnack.** Erlangen 1862, hwilket arbete wi här med nöje följa, görande härwid ännu några jemförelser med afseende å Waldenströmianismen.

Förenämnda arbete af prof. Harnack få wi rekommendera, helst wi här äre i tillfälle att endast i största korthet anföra ett och annat derur.

och hufwudpelaren, på hwilken hela evangelium är satt och bygdt, så att, der denna artikel står, der stå de alla. Ty om wi tro och äro förwissade, att Kristus är död för oß, så måste ock de andra följa, att han gifwer oß den heliga Anda och således werkligen gör oß till den kristliga kyrkans ledamöter och heliga, att wi hafwe daglig syndaförlåtelse och ewigt lif o. s. w. — Derföre har ock djefwulen att göra med denna artikel, mera än med någon annan, för att stöta den öfwerända. Ty han wet, att på den allt beror. Och detta är ensamt den artikel, som gör en stor, ewig åtskilnad emellan alla andra menniskors religion och wår. Ty blott de kristne tro detta språk och kallas blott deraf kristne; icke derföre, att de göra gerningar, såsom de andre, utan derföre, att de tro denna artikel, att Kristus har dött för oß, och hålla sig wid den främmande gerningen, som Kristus har gjort och tillegna sig densamma. Derföre, den som fast och sannskyldigt tror denna artikel, han är säker och wäl bewarad för alla andra willfarelser, och Gud den helige Ande är wißt och otwifwelaktigt när honom. Ty man kan ej predika eller förnimma och fatta denna lära, om det ej sker genom den helige Anda. Men de som wika och affalla ifrån denna hufwudartikel, de stå i fara att kunna förföras af hwarje falsk, irrig lära, såsom man drifwes af winden hit och dit."

Pag. 99. „Wi se ock, huru den helige aposteln Paulus genom detta språk blifwit en så wältalig predikare och tröstrik lärare, att han kan tala så rikligt och mästerligt om syndernas förlåtelse. Ty denna artikel innesluter och innefattar nästan alla andra artiklar af den kristeliga läran, till exempel, om döden, lifwet, synden, goda gerningar m. m."

Pag. 101. „Detta har jag sagt med så många ord, för att härmed troget anbefalla detta trösteliga språk åt flitige lärare och predikanter, samt gifwa dem anledning att behjerta detsamma, hwilket är Nya Testamentets grund och hufwudstycke, hwarur, såsom ur en full, öfwerflödande brunn uppspringa och utgjuta sig allehanda skatter af gudomlig wishet.

Pag. 103. „Ty denne ende hufwudartikel är den grund och klippa, på hwilken hela kristenheten och Guds församling är bygd; hwilken artikel äfwen är wår mur och wårt wärn emot alla partier och kätterier, således, att ingen falsk lärare och lismare kan förföra oß eller taga oß till fånga, emedan wi behålle denna artikel ren och oförfalskad. — Och finnes i werlden ingen lära eller gudstjenst, som är så mycket emot och så mycket skadar djefwulen och hans rike. Det är ock ingen predikan på jorden, mot hwilken satan är så hätsk och förbittrad, som emot denna predikan; derföre förföljer han med så många anfäktningar och widrigheter hwar och en isynnerhet, uppwäcker ock i allmänhet emot denna lära allehanda afgudisk lära, kätteri, söndring och förargelse, för att göra denna lära wederstygglig och förarglig för werlden, på det hon måtte föraktas och förqwäfwas.“

Redan häraf finna wi, hwilken wigt Luther fäster wid återlösningen i Kristo samt rättfärdigheten i honom allena, huru denna lära är en grund för alla andra, huru den, som fattar denna artikel, äfwen fattar alla andra. Härtill behöfwes den helige Andes upplysning, ty för förnuftet är den obegriplig. Derföre stöter sig mången derpå och djefwulen försöker på allt sätt strida emot denna artikel. Detta har nu P. W., såsom wi i det föregående nogsamt funnit, gjort till sitt mål, att tillintetgöra denna ytterst wigtiga lära; derföre borde det wara uppenbart för hwar och en, huru i grunden falsk och förderflig P. W:s lärorikt ning är.

Principen för Luthers theologi är Kristus och hans werk med tron omfattade. „Den sanna, rättskaffens theologin står i praktik, bruk och öfning, och deß fundament och grundfäste är **Kristus**, att man i tron omfattar hans lidande, död och uppståndelse. Men alla de, som i denna dag icke hålla med oß och icke hafwa wår lära för sig, de göra sig blott en speculativam theologiam, då de rätta sig efter förnuftet. Det finnes blott en artikel och regel i theologin, den som icke wål innehafwer och känner denna, den är ingen theologus, nemligen rätt tro och förtröstan på Kristum. I denna artikel flyta eller derur åter utgå de andra helt och hållet, och utan denna äro de andra intet. Men denna artikel förstå allenast bedröfwade, elända, plågade och anfäktade hjertan." Wolch. 22, 10. 759).

Ur denna princip öser och på denna grundar Luther sin theologiska method, hwilken icke utgår från Guds idé och hans ewiga rådslut, utan från Guds uppenbarelse i Kristo, den menniskowordne, och från nådemedlen; eller såsom han sjelf betecknar det, som icke går ofwanifrån nedåt, utan nedifrån uppåt (nicht von oben nach unten, sondern von unten nach oben). Theologin läres ingenstädes annars, än wid Jesus, barnet, som ligger i waggan; med detsamma måste man uppwäxa, med barnet bli ett barn, med sonen en son (6, 1344. 279). „Skriften lystar oß helt ljuft och förer oß till Kristus såsom till en menniska, och derefter till en herre öfwer alla kreatur, och derefter till en Gud. Sålunda kommer jag lätt in och lär mig att känna Gud. Men filosoferna och de werldswise hafwa welat börja uppifrån, derföre äro de wordne till narrar. Man måste börja nedifrån, och derefter komma uppåt" (11. 1554).

Tron förmedlas genom nådemedlen; derföre warnar Luther, att man icke må forska utom uppenbarelsen, icke med egen wishet söka fatta Gud, föra honom i skola och handla med honom genom sig sjelf utan medel (durch sich selbst ohne Mittel). „Will du förfara rätt, så kan du icke göra bättre, än att du sysselsätter dig med hans ord och werk, deri han har uppenbarat sig och låter höra och fatta sig, nemligen huru han föreställer dig sin Son Kristus på korset.“ (12, 845).

Ändamålet är praktiskt, att man må få tröst i sin syndanöd. Det är icke en spekulativ Guds kännedom, som han eftersträfwar och som sätter hans theologi i rörelse, utan den praktiska, som är rigtad på syndarens sanna, werkliga, tröstliga och upplifwande gemenskap med Gud. Derföre har han icke i första hand att göra med Guds wäsende och person i och för sig, utan med Guds nådewilja, med wißheten derom, hwad wi hafwa att förse oß af honom, att han är oß nådig och hwarest och huru wi säkert kunna finna och hafwa honom såsom sådan.

Till följe af denna kristocentriska princip, hwilken Luther äfwen framdeles uteslutande och all sin tid förblir trogen, bringar han det i sanning till en kristlig theologi, som förmådde principmessigt hålla honom fri från ett öfwergående på det filosofiska gebitet. Denna princip bewarar honom för det mißgrepp, som den nyare theologin så ofta begår, att sätta metafysiska förutsättningar till grundlag för sin theologi, eller åtminstone låta satser, hwilka äro lånade från metafysiken, hafwa ett bestämmande inflytande på sin theologi. Han fordrar ju äfwen uttryckligt en annan dialektik för uppfattningen af trossanningar, nemligen Guds ord och tron; han påstår, att desamma icke låta inskränka sig i de trånga gränsorna af förnuftsslut och wärjer sig deremot, att de blifwa tagna under det menskliga förnuftets ok. „Emedan Gud så säger, så will jag tro det, att så är och följa ordet, låtande mina tankar och mitt förstånd wara ett intet. Den som ej gör det, han har intet af tron, ej heller af Gud och hwad Gud tillhörer; utan förfar såsom en blind, som will dömma om färgen eller om solens sken, hwaraf han aldrig sett eller förnummit något. (10, 1314). Trossanningen är wäl för honom icke förnuftsstridig, men emedan den för honom är widt öfwerstigande allt förnuft, så will han hwarken hafwa den deducerad från förnuftsprincip ej heller will han weta af något bi- inflytande derwid. Sobrie, säger han, et secundum praescriptum Christi anis est loquendum; . . sunt enim Logomachiae et Kenophoniae in ecclesia periculosae et scandalis plenae. Hwarest derföre forma syllogistica vel ratio philosophica stöter emot sanningen, då måste man swara dem: mulier taceat in ecclesia, och med ordet „honom skolen I höra". Wäl kan och måste theologin stöta emot filosofin, men han fogar dertill philosophia vicissim magis impingit in theologiae regulos." Se Luthers Theologie af Harnack, p. 68 f.

Hwad Luthers ofwananförda princip och method beträffar, tyckes P. W. skenbart öfwerensstämma med honom, dock äro de i grunden åtskilda. Wäl försäkrar P. W., att Kristus och Guds ord är åfwen hans enda grund. Men han grundar ej så på Kristus, att Gud för hans skull, för hans pina, död och uppståndelse förlåter oß wåra synder, hwilket är Luthers grundåskådning. Nej långt derifrån. Wi ha redan förut sett, hwad det waldenströmska Wittnet 1877, pagg. 292 och 293 har att säga. Det ogillar följande åskådningssätt: 1) att Kristi embetes wäsende sättes uti en genom hans offerhandling en gång för alla skedd och fullbordad Guds-försoning; 2) att Kristi lidande är en betalning åt Gud; 3) att det är ett lidande af syndens straff i wårt ställe; 4) att Kristus fullgjort lagen i wårt ställe. P. W. förkastar sålunda p. 298 helt och hållet en af Kristus förwärfwad försoning eller frälsning samt förnekar med bestämdhet p. 299 att Gud för Kristi skull förlåter menniskan alla hennes synder. Sålunda förnekar P. W. uppenbart de förnämsta grunderna för wår tro. Den måste wara ytterst förblindad eller förhärdad, som ej finner detta. Till princip är han således radikalt motsatt Luther.

Men P. W. påstår, att det är just han, som

följer det gudomliga ordet, såsom det står skrifwet, och att han will hafwa theologin rensad från alla menskliga tillsatser. Detta är dock en af de djerfwaste illusioner, af hwilka någon kan wara intagen. Med bibeln i hand försöker P. W. tillintetgöra bibelns wigtigaste och tydligaste läror. Kan man tänka sig något mera förwändt? Men huru skall man kunna förklara denna gåta? Jo, P. W. gör såsom mången annan i wåra dagar. Han har genom sina egna förnuftsspekulationer bildat sig ett begrepp om Guds wäsende, såsom han tycker detta borde wara. Detta är hans princip. Han bygger på egna drömmar och hugskott; och med sin dialektiska förmåga söker han att förklara allt Guds ord efter denna sin egna uppfattning. Allt som strider häremot, försöker han förwrida och förwränga. Så gör det menskliga förnuftet, då det upphäfwer sig till mästare i gudomliga ting. P. W:s grundåskådning är filosofisk. Guds ord är blott taget till täckmantel för att winna oinskränkt gehör åt hans i grunden obibliska åsigter. Man finner det äfwen, huru han tager sina egna slutledningar till hjelp för att wisa, huru wår evangeliska kyrkas läror äro absurda. I chor instämma hans anhängare i samma förfaringssätt. Men de, som äro sanna, upplysta kristna finna lätt, att P. W:s hela system är bygdt a priori på hans egna tankar och ingalunda på Kristus och hans ord, derföre wända de sig från hans lära med yttersta wemod och fasa, trots allt hwad P. W. skryter om sin bibliskhet; ty de weta, att till och med satan förskapar sig till en ljusens engel.

Hwar och en torde sålunda nogsamt finna att Luthers och P. W:s lära både till princip och method äro hwarandra kontrårt motsatta. Då P. W. på många ställen försäkrar om sin hufwudsakliga öfwerensstämmelse med Luther, hör äfwen detta till hans wanliga förfaringssätt, att framställa mångt och mycket i en annan dager än som förhållandet är.

Men allt sådant skall dock till slut warda uppenbart. Ett argt och illfundigt ting är dock det menskliga hjertat, då det upphäfwer sig till herrskarinna i andeliga ting, derföre må man gerna med Luther utropa: Taceat Mulier in ecclesia!

Ännu få wi här erinra om Luthers yttrande i Förklaringen öfwer Galater-brefwet: „De som äro werfarna i rättfärdiggörelseläran, de skjuta försonaren Kristus åt sidan samt söka fatta Gud i hans majestät med förnuftets måttstock samt försona honom med gerningar.“ Han tillägger litet derefter: „Om du så will fatta Gud och försona honom med dina egna gerningar m. m. förskjutande medlaren Kristus, så kan ej annorlunda hända, än att du råkar i Lucifers fall, och förlorar Gud och allt i en förfärlig förtwiflan“ (aliter fieri nequit, quin casum Luciferi facias, et horribili desperatione Deum et omnia amittas). Comment. in Ep. ad Gal. p. 48. Dessa ord borde allwarligen behjertas af herr P. Waldenström och alla dem, som gilla hans nya lära!

Här beder jag ännu att få anföra ett wigtigt och afgörande yttrande af Luther i Epistel Postillan N:o 26 §§ 9—18:

„**Honom bära alla profeterna wittnesbörd, att hwar och en som tror på honom, han skall få syndernas förlåtelse genom hans namn.** Detta är hufwudspråket i denne predikan, och ett af de förnämsta uti apostlarnas skrifter, som lärer oss först: hwad som hörer till sådan predikan, och huru hon blifwer gagnelig hos oss, att wi måge få det, som hon hafwer med sig, nemligen, att det sker igenom trona, hwilken omfattar det, som oss i Evangelio förehålles. Ty till den ändan predikas det, att wi måge annamma och hållat; och **blifwer alltså genom Ordet oss lofwadt, tillbudet eller tillegnadt och skänkt**; men igenom tron af oss emottaget, så att det är wårt, och hans kraft kan werka i oss.

Men sådan kraft och werkan är den, som han

fallar syndernas förlåtelse. Detta är skatten och det goda, som predikan om Kristo, och trones artiklar, i synnerhet den om Uppståndelsen, gifwa oß. Detta hafwer han till den ändan förwärfwat, att wi skole hafwa syndernas förlåtelse. Detta heter den nya hugneliga predikan, eller den kungörelse om frid, att Kristus hafwer genom sin Uppståndelse i sig sjelfwom öfwerwunnit döden, borttagit Guds wrede och i stället förskaffat idel nåd och salighet; och hafwer befalt predika sådant för oß, och will, att wi skole tro det, och wara der wisse uppå, att wi sådant undfå genom trona.

Men tron måste wara så beskaffad, att hon fattar och håller sig hårdt wid det stycket, som S:t Petrus här sätter, när han säger: I hans namn; det är, att hon tillskrifwer Kristo allena hela orsaken, förtjensten och kraften till syndernas förlåtelse, och tror, att wi sådant få och hafwe icke genom eller för wår egen wärdighet eller förtjenst, utan allenast för Kristi skull, och i kraft af hans uppståndelse, bekomme syndernas förlåtelse: Så att alltså härmed rent af och med allone warder uteslutit allt det, man må nämna, som icke är Kristus, och att han allena bör hafwa äran.

Ty hwad är det bewändt med alla menniskors görande och förmåga på jorden, att de skulle kunna uträtta och förtjena så stor ting (nemliga syndernas förlåtelse, samt förloßning ifrån den ewiga wreden och döden), eller att det kunde jemföras med Guds Sons blod och död eller med hans uppståndelses kraft, och hafwa jemte honom den äran, att det skulle tjena till att derigenom få syndernas förlåtelse, och förloßning ifrån döden? Detta will han skall predikas och tros i hela werlden, gör dermed judarnas och alla werkheligas berömmelse om intet, att de skola weta, att de icke genom lagen och egna gerningar kunna få nåd hos Gud, utan allenast i denna Kristi namn bekomma syndernas förlåtelse genom trona.

Och sådant, säger han, är tillförene betygadt i Skriften, och förkunnadt genom alla profeter. Detta är ju ett härligt wittnesbörd, och derutinnan borde ju det judiska folket tro sina egna profeter, om de icke sjelfwiljande wille wara förhärdade och fördömde. Men mycket mera wi hedningar, som dock deßutan måste bekänna, att wi allsintet hafwa gjort dertill, eller arbetat deruppå, att en sådan nåd warder oss tillbuden och skänkt; och borde ju wara så gode, och göra Kristo den äran, och tro apostlarna och hela skriften, samt blygas deröfwer, att wi först skulle derpå twifla, eller träta derom, antingen wi allenast för Kristi skull (såsom hela skriften säger, och wi sjelfwa måste säga, om wi wilje bekänna sanningen), eller ock genom wåra gerningar få syndernas förlåtelse och warda rättfärdiga för Gudi?

Så höre wi här, hwad som är summan och hufwudläran af hela skriften, dit allt förnämligast och ändteligen syftar; nemliga, att lära och stadfästa denna artikelen, att wi icke annorlunda, än för Kristi skull genom trona, hafwe syndernas förlåtelse, och att detta hafwer warit fädernas och profeternas, och alla helgons tro, ifrån werldenes begynnelse, samt Kristi apostlars lära och predikan, som blifwit dem befallt att frambära och utsprida i hela werlden, och att hela den kristeliga kyrkan än i dag och intill ändan enhälleliga så förstår och håller det, hwilka alltid endrägteliga och samteliga hafwa trott och bekänt denna artikelen, samt förfäktat det, att allena i denna Herrans Kristi namn erhålles och fås syndernas förlåtelse, och äro i denna tron för Gudi rättfärdige och salige wordne. Och är alltså genom sådant wittnesbörd grunden till wår lära nog stadig lagd, och långt för wår tid wäldeliga förfäktad, förswarad och bewisad.

Fördenskull, den som ännu frågar derefter, och åstundar egenteliga weta, hwad den kristeliga kyrkan alltid lärer och håller, isynnerhet i den höga hufwudartikelen, huru man för Gud warder rättfärdig, eller undfår syndernas förlåtelse? hwaröfwer alltid har warit en strid i werlden; han hafwer det här klart och wißt i detta språket, och hörer hela kyrkans rätta beständiga wittnesbörd allt ifrån begynnelsen, att man nu icke widare behöfwer disputera derom, och ingen med skål kan förebära någon orsak eller hafwa någon ursäkt för sitt twiflande, eller bör wänta på Mötens widare beslut eller skärskådan etc.

Ty här hörer du, att det redan längst för detta och af ålder (genom de första fäders, profeters och apostlars kyrka) blifwit beslutit och belefwat och en fast och orörlig grund lagder, den ock alla menniskor wid sin ewiga salighet äro skyldige att hålla och tro, ehwad af andra Möten och hela werlden någonsin blefwe disputéradt, stadgadt och beslutit, ja, att domen är oß allom allaredan gifwen, och wi befallte att undfly och undwika den, som will tro eller lära, förordna eller stadga något annat; som ock S:t Paulus i Gal. 1: 8 säger: **Om ock wi eller en engel af himmelen annorlunda predikade evangelium för eder, än wi eder predikat hafwe, han ware förbannad.**

Deraf ser du, hwaremot hela påfwedömet, med hela sitt anhang nu rasar och stormar, och för hwad de böra hållas, som icke wilja höra och tåla denna artikelen, som S:t Petrus här predikar och bekräftar med alla profeters och hela skriftens wittnesbörd, och icke återwända att derföre förfölja fromma och oskyldiga menniskor; äfwen med det sken, att de wilja wara sjelfwa kyrkan, och skryta af samma namn emot oß på det högsta; ändock de med sin lära, tro och gerning wittna om sig sjelfwa, att **de tro och lära emot alla profeters, och alltså emot hela kyrkans wittnesbörd.**

Desse kunna ju icke wara Kristi kyrka, emedan de så häftigt och oförskämt säga emot S:t Petrum och all skrift, ja, förtrampa Kristum sjelf, såsom hufwudet, i hans ord; utan de måste wara den led- djefwulens fördömda parti, och den kristliga kyrkans argaste fiender, wärre och skadeligare än hedningar och turkar." Så långt Luther.

Hwem finner ej, att allt detta kan tillämpas äfwen med afseende å Waldenströmianismen? Hwad behöfwes således widare? Då P. Waldenström förnekar, att synderna förlåtas för Kristi skull, är hans willfarelse allom uppenbar. Wi wilja derföre med fasa wända oß ifrån en sådan lära och förena oß i ofwanstående slutdom af Luther.

P. W. förnekar okristligt en genom Guds Sons blodiga förtjenst förwärfwad försoning, syndaförlåtelse och rättfärdighet. I motsats härtill jublar Luther och hela den kristliga kyrkan öfwer den en gång för alla skedda försoningen och den genom Kristi död förwärfwade förlåtelsens allmänhet och wißhet, såsom wi finna äfwen af hans förtröstansfulla psalmer t. ex. den bekanta kyrkopsalmen N:o 219 i gamla swenska psalmboken, i hwilken wi här instämma af hjertans grund.

Hwar man må nu wäl glädja sig, Här är stor fröjd på färde; Ty Gud är oß nu nådelig, Som wore döden wärde. Han hafwer allom sagt det till, Att han barmhertig wara will; Hwad står oß nu till tränga?

Sonen sin Fader lydig war, Kom till mig här på jorden: Af ene jungfru ren och klar Är han min broder worden; Sin kärlek wille han mig bete, Och tog ifrån mig helw'tets we, Det jag war pligtig lida.

Han lät utgjuta sitt dyra blod, Sitt lif månde han ej spara: Det led han mig till syndabot; Thy må jag trygger wara. Han är min Herre och höfwitsman, Uti hans död min synd förswann; Så är jag salig worden.

Deß ware pris i ewighet, Och lof förutan ände Fadrens stora barmhertighet, Som oß den nåden sände, Och nederslog i Kristi död, Helwetet, synd och dödsens nöd. Ho kan oß nu förderfwa.

III.

Lektor P. Waldenströms wederläggning af sin egen lära.

P. W. har redan tidigt lemnat en teckning, som i mycket passar in på honom sjelf, och utgör liksom en profetia af hans egen lärowerksamhet. I början af sin skriftställarewerksamhet har P W. utgifwit en skrift: **Brukspatron Adamsson**, hwarest nämnde patron skildras såsom synnerligen ostadig i andligt afseende. Denna skildring är werkeligen märkwärdig, isynnerhet om den tillämpas på deß författare, hwilken ådagalagt en särdeles ostadighet under sin lärarebana. Önskligt wore, att ocksä slutet blefwe detsamma som för patronen. Gifwom akt på P. W:s egen framställning. Hwar och en må göra sina reflexioner; wi inskränka oß endast till några korta anmärkningar och fingerwisningar. Brukspatronen hade många wexlingar. Här upptaga wi endast några scener.

Pagg. 142 ff. „En bland de största swårigheter, som patron hade att kämpa mot, war det nästan okufliga begäret att uträtta något stort. Det ringa och oansenliga hade han swårt att finna sig wid. Sysselsatt således med storartade planer, kom han att tänka på att blifwa theolog. Theologi war nemligen ett läger inwid Evangelii stadsmur. Der funnos många stridsmän och wäldiga kämpar, som kallade sig theologer. Det war ett underligt folk. De woro delade i twenne hopar. Den ena delen bodde i tält utom staden och hade sjelfwa aldrig smakat stadens goda, men de betraktade den dock såsom sin egendom. — — — Dessa theologer hade twenne wapen, af hwilka de kallade det ena „**penna**“,

och det andra „tunga“. Dessa twenne wapen, so
de slipade och brynte på twå stenar med namn
„skarpsinnighet“ och „meditation“ fördes med st
kraft och skicklighet, hwilket ock behöfdes, ty fiender
försummade sig aldrig utan woro ifriga i att anfall
De theologer åter, som hade sin bostad i evangeliun
begagnade äfwen ett tredje wapen, som de kalla
„bön“, men som de andra föraktade, emedan det sa
så oansenligt ut. Dessa sednare bodde, såsom reda
sagdt är, strart utom stadsmuren, men för att f
reda på, huru det såg ut och stod till i Evangelium
begagnade de sig af wissa synpunkter, d. w. s. e
sorts höga ställningar, som kallades „systemer“, hwilk
de uppreste och från hwilka de skådade ned öfwer sta
den. Ifrån dessa ställningar sade de sig nemligen få
en allmän och ordnad eller redig öfwerblick öfwer de
hela. Ja, de påstodo sig till och med känna staden
mycket bättre än de, som bodde inom densamme, och
icke på en gång kunde öfwerskåda den hel och hållen.

Till detta läger beslöt Abrahamsson således att
sluta sig. Nu blef blott fråga om, till hwilkendera
hopen han skulle sälla sig, antingen till dem, som
bodde inom staden, eller till dem, som bodde utom
densamma. Till en början fann han det rådligast
att stanna hos de förra. Här kom han under pro-
fessor Redligs ledning, hwilken för honom war en
trogen och ömsint fader, som omhuldade honom
med en synnerlig innerlighet. Alltså fäste sig Abra-
hamsson särdeles wid denne sin nye wän, som
å sin sida ej kunde annat än glädja sig öfwer hans
goda uppförande. Och äfwen mor Enfaldig fröj-
dade sig öfwer att se honom under den käre profes-
sorns wård. Så länge hon hade honom i Synder-
nas förlåtelse och Helgelse samt i Erfarenhetens
skola, så war hon nöjd och glad. Derjemte upp-
muntrade det henne mycket att se honom allt m
blifwa förtrolig med magister Trogen, hwilken ho
särdeles wärderade såsom en from och älskelig man.

Och då hon tillika såg honom allt flitigare börja umgås med herr Ödmjuk, en son till Herrans Fruktans Ande, så kunde hon ej mera önska, utan motsåg med förtröstansfull tillförsigt, hwad som komma skulle. Derwid stärktes hon ej litet af en herr Hoppfull, som ständigt uppmuntrade henne. Så förflöt en lång tid, under hwilken man hade en synnerlig glädje af Abrahamsson och wäntade, att han skulle blifwa till stor wälsignelse för Evangelium. Mor Enfaldig och professor Redlig, som woro gamla och erfarna, nästan tåflade i att icke blott uppmuntra utan ock warna honom, när så behöfdes. Ty Abrahamsson hade en sådan natur, att han lika lätt blef oförwägen, när det gick honom wäl, som försagd, när det tog emot.

Emellertid började han alltmer att utmärka sig och wäcka uppseende. Detta förorsakade mor Enfaldig stora farhågor, isynnerhet som hon märkte, att han allt mer och mer drogs till herrarna Stark och Twärsäker samt tycktes börja förgäta sin förra förtroliga wänskap med herr Ödmjuk. Hon försökte nu att öfwertyga honom om hans fara, men han wille ej akta derpå. Ja, han började alltmer att blifwa främmande för den förr så afhållna gumman. Ty dels tyckte han, att hon hade ett nästan för stort begär att blanda sig i andras angelägenheter, dels kände han sig nu i afseende på wetenskaplig bildning hafwa kommit till en ståndpunkt, som mor Enfaldig med sin brist på studier och kunskaper swårligen kunde fatta. Då han derföre såg henne bekymrad, log han merendels, anseende hennes oro härleda sig från ett wälment oförstånd. Och ansåg han, att mor Enfaldig ej borde lägga sig i eller bekymra sig för saker, som hon till följe af sin ståndpunkt ej kunde förstå sig på.

Så stodo sakerna en tid, då bland Evangelii wänner den sorgliga underrättelsen plötsligen utbredde sig, att Abrahamsson råkat i strid med professor

Redlig samt beslutit att flytta till theologerna utom staden. Orsaken till denna strid föregaf Abrahamsso wara den, att professor Redlig war alltför myck bunden wid gamla fördomar. Men de som känd saken närmare försäkrade, att oenigheten kom dera att Abrahamsson blifwit förbittrad på Redlig derföre, att denne åtskilliga gånger warnat honom för her Förnuftig och hans wänner, samt engång allwar samt tillrättawisat honom för ett begånget fel. Att uppgifterna woro så olika, påstods af dem, som bättre kände Abrahamsson, bero derpå, att Abrahamsson skulle hafwa haft en stark böjelse att, när han kommit i delo med någon, framställa saken så, att skulden skulle falla på hans wedersakare. Hwad mor Enfaldig egentligen tänkte, hade man ej så noga reda på. Hon nästan bara gret.

Huru härmed än förhöll sig, säkert är, att Abrahamsson flyttade utom staden och sällade sig till de theologer, som der hade sitt läger. Här steg hans anseende dag för dag, och snart utmärkte han sig så för wishet och frimodighet, att både han sjelf och de andra mente, det de i sina leder aldrig sett make till kämpe. Aldrig hwilade han; om dagen stred han och om natten hwässade han sina wapen. Hwarhelst han for fram, såg han ut som ett lejon. — Naturligtwis skulle hwar och en se upp till honom såsom till en riktig undersmenniska. Nästan alla sökte råd hos honom, hans förord gällde mer än alla andras, och om något arbete skulle anses dugligt, så måste det först hafwa underkastat sig hans pröfning och rättelse. Emellertid, för att stäfja och något eller så mycket som möjligt förhindra de förstörande werkningarna af hans wäldiga dråpslag, sände Willfarelse emot honom sina yppersta kämpar **Högmod** och **Partisinne**. Dessa woro ej så utmärkta för sin styrka och tapperhet, som fastmer för sitt wisa och kloka sätt att gå tillwäga i striden. De läto nemligen aldrig förstå, att de woro fiender, utan när de

ialkades Abrahamsson, så ställde de sig wänliga och
ldade ännu mera hans mod. Abrahamsson kunde
åledes ej betrakta dem annat än såsom kraftiga med-
ijelpare, och snart woro de hans oskiljaktiga följesla-
iare och wapendragare i hwarje strid. Men under
iden snärde de honom mer och mer, ehuru hemligen
å att han ej märkte det. Den stackars Abrahamsson
iade genom detta bedrägeri snart warit alldeles för-
orad, 'om ej mor Enfaldig hade kommit emellan.
Hon hade nemligen under hela den tid, som hon
aknat honom i syndernas förlåtelse, med fördubblad
lit legat Immanuel efter, att han skulle tänka på
itt löfte: **jag will igenhemta det förlorade.** Till
lut kunde hon ej lägga band på sig, utan hastade
att uppsöka honom. När hon påträffade honom,
fann hon honom i sällskap med ofwan omtalade fien-
der. Bestört ropade hon till honom:

„Detta går aldrig an; härpå blir patron olyck-
lig! Märker ej patron, hwilka fiender han umgås med?"

„Åh, kära mor, de äro wißt inga fiender, utan
mäktiga medhjelpare."

„Ack, huru kan patron säga så?"

„Ja, det är wäl solklart, då de ju hjelpa mig
att strida mot Willfarelse och elda mitt mod så, att
jag är beredd att offra mitt lif för evangelium!"

Bedröfwad gick mor Enfaldig till Immanuel
och utgjöt för honom sitt bekymmer. Han sände
henne tillbaka för att säga samma ord. Men hon
hade dermed föga uträttat, om ej Waksam på sam-
ma gång kommit tillstädes. Denne hade på hela
den sista stridstiden ej warit med Abrahamsson, ty
Abrahamsson tänkte alltid: när Waksam ej duger att
lita på, så wet jag ej, hwad jag skall göra med ho-
nom. Och för öfrigt då jag ju strider för en helig
sak, så är han mindre behöflig." Nu infann han sig
dock i sällskap med **Samwete.** Abrahamsson blef
förskräckt, skulle skilja sina fiender ifrån sig, men
märkte nu först, huru bunden han satt i deras bo-

jor. Han ansträngde nu alla sina krafter för att slita sig lös, men förgäfwes; fienderna gäckade genom sin styrka alla hans ansträngningar. Förtörnad öfwerföll honom Samwete och kastade honom till marken och sargade honom på det grymmaste med förfärliga spön, som kallades „samwetsqwal“, hwilka woro så hwassa, att de trängde djupt in och upprefwo köttet. Här hade nu den arme mannen helt säkert omkommit, om ej Immanuel, som genom mor Enfaldig och den tjenstaktige, men eländige och fattige Nödrop, en son till mor Förlorad, hastigt blifwit underrättad om sakens förlopp och skyndat till stället för att i rätta ögonblicket rycka honom undan förderfwet. O, den stackars Abrahamsson, huru han nu såg ut! Trasig och sargad, utmattad nästan till sanslöshet och wridande sig såsom en mask af ångest, återfördes han nu till Syndernas förlåtelse, der Immanuel lät förbinda hans sår och på det ömmaste wårda honom.“

Anm. Hwem märker ej, huru likheten i alla detaljer är frapperande? Skall då icke också slutet blifwa lika? P. W. bodde ju såsom theolog först inom den evangeliska stadsmuren; men nu är det säkert, att han flyttat utom staden och har sina egna ställningar samt nya wänner. Öfwer hafwet sänder jag derfåre till honom mor Enfaldigs påminnelse: „Detta går aldrig an; härpå blir patron olycklig! Märker ej patron, hwilka fiender han umgås med?“ Om ock denna helsning wore förgäfwes, så finnes det ju dock ännu andra hjelpmedel. Dock låtom oß gå widare!

Pagg. 150 ff. „Och nu förflöt åter någon tid så, som det plägar tillgå i Evangelium. Men en afton inkom Abrahamsson plötsligen till sin hustru, mörk och dyster i hågen samt med djupa suckar. Genast märkande detta, frågade hon honom, om han ej mådde bra. En djup suck war det swar, som hon fick, under det hennes man började hoplägga sina saker.

„Hwad ämnar du nu göra?“ frågade hon förskräckt.

„Jag ämnar flytta till staden Egenrättfärdighet der på andra sidan Blodselfwen.“

„Arme man, skall du nu åter härifrån?“

Så snart Abrahamsson anländt till Egenrättfärdighet anmälde han sin ankomst för borgmästaren; hwilken han lofwade en trogen och oförtruten tjenst, samt antog nu namnet Agarsson. Hjertligen helsades han wälkommen och sattes såsom nybörjare eller, såsom de kallade honom, „nykristen“, i en fabriksskola; der Lagpredikare war lärare. Wäl blef han här ofta ganska hårdt behandlad, men han kände sig glad och lugn, ty der hade han funnit den frid, som han så länge sökt. Han lärde här fabriksarbetets wigt, flitens nödwändighet och många andra nyttiga saker, såsom sättet att sköta en fabrik, åfwensom bästa metoden att åtskilja sund och osund föda o. s. w. Sedan lärotiden war slut, fick han egen fabrik, der han tillwerkade många saker, men isynnerhet ett slags rökelse, som kallades för „bön“ och som han plägade sända till herr Justus, för att tilldraga sig dennes uppmärksamhet och ynnest. Deßutom tillredde han ett slags bomull, som hette „mildhet“, ett slags silke, som kallades „ödmjukhet“, åfwensom ett slags bastant kläde med namnet „allwar“, hwilket nyttjades till öfwerrockar och regnkappor, som plägade fodras med ett slags stadigt linnelärft, som kallades „karaktersfasthet“. Snart blef han en bland de för driftighet, skicklighet och flit mest ansedda medborgare, och som han äfwen egde wetenskaplig bildning och stilistisk förmåga, så höll han ock på den ofwannämnda lokalen „Tig med Kristus“ offentliga föreläsningar om „den enda sanna friden, som winnes genom flit och troget arbete enligt Allswäldigs ord. Äfwenså utgaf han åtskilliga små skrifter om åtskilliga fabriksalster, som man i Egenrättfärdighet kallade gudsfruktan, allwar bön, m. fl., hwilka ofta till det utwärtes anseendet woro förwillande lika med trosfrukter af samma namn, som man såg i Eva gelium, men med all denna likhet dock woro t wäsendet och arten betydligt olika, hwarföre de oc Evangelium gällde såsom falska waror. I Egenrä färdighet åter woro de i stort anseende och höllos stort wärde. Derjemte utgaf han en tidskrift, de han sökte wisa, att Immanuel just i den afsigt wisade sig så onådig emot innewånarne i Evangeliu samt undandrog dem sin hjelp och gjorde dem utfa tiga, på det de skulle hållas i oro och så ögonen e gång öppna öfwer nödwändigheten att flytta ti Egenrättfärdighet. Att sådant, taladt och skrifwet a en sådan man, skulle både höras och läsas med stö sta begärlighet, war klart, och man började sna räkna honom till fäderna." Etc. Etc. Han åter wände dock än till Immanuel.

Tillämpningarna göra sig sjelfwa. Sista uppträ det lemna wi till slutet af denna skrift.

Då P. W. i sin tidigare period sjelf förfäkta den rena evangeliska läran, finner man i hans tidigare skrifter många kraftiga wittnesbörd för sanningen; derföre kan det wara lärorikt att framdraga några wapen emot honom ur hans egen rustkammare. Mången har ju fallit för sitt eget swärd. P. W. får ju ännu skörda frukterna deraf, att han i början lärt rent. Då han war anklagad för sina irrläror inför domkapitlet i Upsala, inlemnade han sina uppbyggelseskrifter till granskning. Domkapitlet fann, att han gjort ett affall från den evangeliska läran, men emedan hans lära i början war ren, fick han en mildare dom. Då wi nu anföra något af det, han sjelf i blomman af sin ålder med hänryckning tecknat, hoppas wi, att helst detta måtte bewecka honom att behjerta sitt djupa fall samt att återwända till den fasta fridens borg, hwilken han högst obetänksamt öfwergifwit. Han har ju sjelf i sin ungdom uttalat den önskan, att om han fore wilse från sanningen, han måtte tuktas tillbaka. Och alla sanningens bekännare önska ju detta. Äfwen om jag skulle öfwergifwa den troslära, jag nu bekänner, wore det högeligen önskwärdt, att någon allwarlig wille påminna mig min förra tro. P. W. har i sin tidigare period upprepade gånger bedit, att Gud måtte uppehålla honom i sanningen. Så yttrar han i slutet af predikan på 3:dje söndagen efter Påsk: „Jag will icke bortkasta Hans ord eller wara evangelium olydig, utan taga wid det samt wißt och fast i mitt hjerta hålla det och icke twifla, att så ske skall, som han säger. Måtte derföre wår Herre Gud hjelpa oß dertill och deruti behålla oß intill ändan!“ Denna hans bönesuck gick wäl af hjertat. Denna hans bön beder jag ännu att få fästa honom på hjertat. Jag beder honom behjerta, hwad han sjelf bedit, hwad han sjelf skrifwit. Om något så borde detta återkalla honom till besinning. Och om dessa påminnelser icke blefwe utan werkan, så skulle han säkerligen sjelf af innersta hjerta tacka alla dem, som gifwit honom kärleksfulla bestraffningar och påminnelser. Wi låta honom nu wederlägga sig sjelf. Hwad borde wara mera bewekande för honom än hans egna ord och hans egna lifserfarenheter, hans egna heta böner!

Wi hafwa sett, huru David slungade stenen i Goliaths panna, så att denne föll på jorden till sitt ansigte. Och efter David intet swärd hade i sin hand, lopp han fram till Filisten, och tog hans swärd, och drog det utur skidan, och drap honom. Då de Filisteer sågo, att deras starkaste war död, flydde de, Enligt hwad jag redan i det föregående antydt, är det min fulla öfwertygelse, att P. W. blifwit öfwerwunnen genom ett enda ord. Jag har äfwen sökt framställa äfwen andra bewis från Guds ord emot P. W:s lära, så att jag för min del anser att P. W. swårligen far wilse. Och jag är öfwertygad, att hela Guds Zion med mig delar samma åsigt om P. W:s lära. Men för att ännu påtagligare öfwerbewisa honom sielf, griper jag till hans eget wåldig swärd. Jag skall här intaga något ur P. W:s dri peliga predikan på Långfredagen samt beder, att hwa och en läsare må begrunda den i deß helhet. Ma man må begagna första upplagan, ty aftrycket t. e i den lilla skriften Guds lam, andra upplagan, å af P. W. mycket korrumperadt. Låt oß då höra huru P. W. sielf en tid predikat. Den predika måtte lända till hans egen omwändelse, och hela han anhang måtte warda skingradt och fly, då deras sta kaste blifwit öfwerwunnen. **Striden är Herrans och han skall gifwa eder i wåra händer,** utropad David förtröstansfullt. Och wi förena oß i samm önskan.

P. W:s eget swärd.

(Utdrag ur Predikningar öfwer Swenska kyrkan Nya Högmessotexter af C. O. Rosenius och P. Wal denström. Första årgången. 1 Del. Stockholm, A L. Norman, 1871, pagg. 454—462.)

„Förrän wi betrakta, hwad salighet som ligge deri, att Gud kastat wåra synder på sin Son, wilj wi i Kristi martergestalt se, hwad synden och Gud rättfärdighet är. När wi på Sinai skåda, unde hwilka grufliga tecken lagen utgafs, så hafwa wi wå deri en bild af Guds heliga nitälskan emot synden och när wi betrakta de straffdomar, som i gaml testamentet omtalas, då se wi ock detsamma. Likaj när wi öfwerallt i Guds ord höra, hwilken förban nelse Gud uttalar öfwer hwarje synd, då finna w ock, att synden är en sådan gräslig själaskada, son wid intet annat kan liknas. Men när wi skåda p korset och der se, huru Guds Son för wår synd skull blifwer en förbannelse, då wisa sig synden och Guds rättfärdighet i sin allra gruftigaste gestalt. Tä tänk, hwad det ändå är, att intet kreatur, ware sig menniska eller engel, har med några gerningar eller offer annat bota synden, utan att Guds egen enfödde Son, immelens och jordens Herre, genom hwilken allting r skapadt, och hwilken bär allting med sitt kraftiga rd, har för den sakens skull måst icke blott blifwa menniska och förnedra sig under alla andra menniskor, tan ock blifwa af sin Fader öfwergifwen och förbannad, så att alla den ewiga fördömelsens qwal drabat honom. Detta är mer, än hwad en menniska kulle kunna fullkomligt fatta, men få wi nåd att se någon del deraf, så skola wi lära att så förskräckas ör synden, att wi icke skola kunna hafwa någon rid eller ro, förrän wi äro komne derhän, att wi weta, att wåra synder äro „så långt ifrån oß, som öster är ifrån wester.“ (Ps. 103).

Märk här, huru orden lyda: **Wi gingo alle uti willfarelse såsom får, hwar och en såg uppå sin wäg, men Herren kastade allas wåra synder på Honom.** Här står icke: „när wi bättrade oß och kommo till tron, så kastade Gud wåra synder på sin Son.“ Utan här står uppenbarligen, att Gud kastade wåra synder på sin Son, medan wi gingo uti willfarelse såsom får och sågo hwar och en på sin wäg, d. ä. medan wi wandrade och lefde i synden samt hade behag uti wårt onda wäsende. Så säger ock Paulus, att wi blefwo försonade med Gud genom Kristi död, den stund wi ännu woro owänner. Det är tydliga och bergfasta ord, genom hwilka den Helige Ande lärer mig att bygga min tro icke på en lära utan på en gerning, som Gud sjelf har gjort, nemligen den gerningen att han kastade mina synder på Sonen. Huru jag än bär mig åt härwid, så blir det dock ewigt fast, att Gud så har gjort, samt att det icke kan ändras. Sedan må djefwulen och alla fiender rasa, ryta och förskräcka mig, huru mycket de wilja och kunna, så skall jag dock få frid igen, när jag kommer till korset och ser, att det ju är en sann och werklig händelse, att mina synder ligga på Guds lam. Är det en för mitt förnuft orimlig hän-

delse, så är det dock en sann händelse, och det i
hufwudsaken. Antingen jag begriper mer eller m
dre deraf, antingen jag tror eller förnekar det, så
det dock skedt och kan icke widare blifwa annorlund
För allt hwad fienderna då må disputera om lär
och draga den hit och dit, så skola de dock icke kun
disputera bort denna personen Kristus och Ha
gerning. Nej, den skall blifwa qwar, och sedan
diskuterat sig trötta, så skall det dock wara lika ew
sannt och wißt, att Gud kastat mina synder på S
nen, långt innan jag blef född till werlden. D
kunde profeten på grund af löftet wara så wiß, a
han framställde den lofwade saken såsom redan sked
huru wissa kunna icke wi då wara, som icke behöfw
se flere hundra år framåt utan i stället twåtusen
tillbaka på löftets fullbordan.

O, här behöfwes endast de rätta ögonen att
med, för att wi skola blifwa fulla af tröst och frid o
salighet. Ty har Gud kastat mina synder på s
Son, så är det ju ock rätt och tillbörligt, att j
icke widare ser mina synder på något annat stäl
Ser jag dem ännu på mig, då regerar ännu lage
förbannelse i mitt samwete, så att jag måste förtwif
emedan det är omöjligt, att jag skulle kunna gö
mig ren och fri från dem. Men ser jag, att, såso
Paulus säger, Kristus är gjord till synd för mig, d
ser jag, att Han är i Guds ögon min synd, så a
min synd icke mer hänger på mig utan på Honom
Derföre skall jag efter tron och samwetet icke we
af någon annan lära än Jesus Kristus och honom
korsfäst. När det kommer till frågan om lefwerne
då will jag gerna låna mina begge öron och hel
mitt hjerta åt det ordet, som lärer mig, huru ja
skall tjena min nästa, älska Gud och wandra i han
fruktan. Men efter tron och samwetet skall jag war
fri från alla läror om gerningar samt icke weta, a
något annat någonsin skett i werlden än det, at
Kristus blifwit korsfäst i mitt ställe. Ty på Honom

igga icke blott några af mina synder utan alla. Hwad ag brutit emot första taflan af Guds lag, och hwad jag rutit emot den andra taflan, alla mina inre synder och nina utbrottssynder, alla mina underlåtenhets synder och lla mina öfwerträdelsesynder, alla mina uppsåtliga synder, alla synder, som jag begått under min otros tid och lla synder i helgelsen, alla mina förflutna, alla mina närwarande och alla mina tillkommande synder, med tt ord, allt hwad hos mig funnits eller finnes af ynd — allt har Gud kastat på sin Son, och allt)ar han burit såsom ett lam, som till slagtning le- des och låter icke upp sin mun. Wisserligen skall nitt förnuft ännu tusende gånger säga mig, att min ynd ligger på mig, samt dermed förskräcka mig, men här gäller det att icke wika en hårsmån utan dristigt wara med Luther: „Har jag syndat, så har jag icke syndat, ty synden är icke mer min utan Kristi!" Och i Honom är hon korsfäst och fördömd. Såsom jag nu icke skulle frukta en stark och mäktig fiende, hwilken öfwerheten fängslat och satt inom lås och bom, derföre att han gått efter mitt lif, så skall jag här wid Kristi kors wara i samwetet frimodig och trotsa emot all min synd, emedan Gud tagit henne fast och fördömt henne samt naglat henne wid korset; så att hon icke skall kunna göra mig skada eller förderfwa mig.

Härom talar Luther i utläggningen af Es. 53: 5: „Fördenskull måste en kristen wara synnerligen wis och förståndig, att han wet att sätta lagen och alla goda gerningar i sin ordning och sitt bruk, men ställa och upphöja denna artikel så högt och wida öfwer alla lagar och alla goda gerningar, som himmel och jord äro skilda ifrån hwarandra. Ty en kristen (om han står i sin rätta kristendom, emellan Gud och honom allena) skall icke weta af hwarken någon synd eller någon förtjenst hos sig sjelf, likasom lefde han i en annan, ny werld; och om han än wet med sig synder, så skall han dock icke betrakta dem i sig sjelf utan i den person, på hwilken de äro lagda af

Gud, det will säga, icke betrakta dem såsom synd
hwilka, äro inrotade i hans samwete, ligga på ha
hals och hålla honom fången, utan akta och a
dem så, som de äro i Kristus, der de nemligen ä
försonade och öfwerwunna. Ty Gud har icke we
hafwa dem lagda på oß, emedan wi icke kunna bä
dem, utan måste för dem duka under och förgå
utan denne Kristus har han gjort till syndabärar
hwilken har en starkare rygg än wi och bär synd
så, att den måste under honom tillintetgöras.

„Sålebes måste en kristen lära sig, att ha
hjerta och samwete blifwa rena och obefläckade fr
alla synder; och dertill kommer han genom intet a
nat än genom tron, som orubbligt och beständ
blifwer derwid, att wåra synder och mißgerningar
Kristus äro öfwerwunna, samt att således åfwen
äro säkra och bewarade för den ewiga döden och
genom samme Kristus hafwa den ewiga rättfärdigh
ten och saligheten. Derföre måste tron öfwa sig g
nom sådana språk, när hon skall kämpa emot sa
wetets förskräckelse och anfäktning, så att hon wän
sig och blifwer fast derwid, att icke betrakta synd
annorstädes än i Kristus. Ty betraktandet af wå
synder, om wi åskåda dem, såsom stode de skrifna
wåra hjertan, är ett hädiskt och okristligt betraktand
hwilket djefwulen, wår fiende, förespeglar oß o
drifwer på wåra samweten, mot Gud och tron.“

Och åter öfwer Gal. 3: 13: „När den barm
hertige, himmelske Fadren såg, att wi woro tryck
af lagens förbannelse och höllos derunder så fångna
att wi aldrig med egna krafter hade kunnat befri
oß derifrån, så skickade han sin Son i werlden och ka
stade på Honom alla menniskors alla synder, sägande
Du skall wara Petrus, som förnekade, Paulus, som
förföljde, smädade och war en wäldswerkare, David
som bedref hor, Adam, som åt af äplet i paradiset
röfwaren på korset — korteligen, du skall wara den
person, som bedrifwit alla menniskors synder. Tän

derföre efter, huru du må betala och tillfyllestgöra för dem.“

Sålunda har nu Herren Kristus blifwit till synd för oß, icke derigenom att han sjelf syndat, icke heller derigenom att wi lagt wåra synder på Honom, utan derigenom att Gud gjort det. Och wid hwad han har gjort, kunna wi ju trygga oß. Will deremot Moses säga oß, att wi ännu bära wåra synder på oß, samt att wi med wår ånger och wåra tårar måste aftwå eller öfwerwinna dem, på det att wi måtte försona Gud (såsom nu ständigt wårt lagdränkta samwete predikar), då wilja wi fråga: „Hwar war du, när Gud grundade jorden? (Job. 38: 4) och ännu mer: hwar war du, då Gud utwalde oß i Kristus, hwilket skedde förr, än han grundade jorden? (Ef. 1: 4). Ja, hwar war du, när Gud gaf Abraham löftet? Käre, du har kommit 430 år för sent, för att förhindra det.“ Så skola wi i all nöd kunna wärja oß för alla, som wilja anklaga oß för synd, i det wi wisa dem bort till det ställe, der wåra synder äro, d. ä. till Kristi kors. Ty „synderna“, säger Luther öfwer Gal. 3: 13, „äro icke i sjelfwa werket der, hwarest de synas och kännas. Ty enligt Pauli theologi finnes ingen synd, ingen död, ingen förbannelse widare i werlden utan blott i Kristus, som är Guds lam, hwilket borttagit werldens synder och blifwit en förbannelse för att befria oß från förbannelsen.“ Och åter: „Men att nu, när Kristus regerar, i sjelfwa werket ingen synd eller död eller förbannelse är, det bekänna wi dagligen i trosbekännelsen, när wi säga: „Jag tror på en helig kyrka“, hwilket alldeles intet annat betyder, än som om wi sade: jag tror, att ingen synd, ingen död finnes i kyrkan, emedan de, som tro på Kristus, icke äro syndare, icke äro skyldiga till döden utan helt enkelt heliga och rättfärdiga, herrar öfwer synden och döden och hafwa ett ewigt lif. Men detta sker endast i tron, emedan wi säga: „Jag tror på en helig kyrka“.

Men om du rådfrågar ditt förnuft och dina ögo: skall du döma annorlunda. Ty du ser hos de heli: mycket, som stöter dig: du ser dem stundom falla o: synda samt wara swaga i tron och arbeta med wred afund och andra sinnesrörelser; derföre är icke kyrka helig. Jag förnekar slutsatsen. Om jag ser på m: eller nästans person, skall hon aldrig wara helig, me om jag ser på Kristus, som helgar och renar kyrkan då är hon hel och hållen helig, ty „han har bortta git hela werldens synder."

Detta låter öfwerdådigt och förmätet, ja de wore en gruflig hädelse emot den helige Guden at säga det, derest icke han sjelf sagt det. Men nu säga wi endast efter hans ord. Ty de orden „för oß" måste dock något betyda, då det heter: Kristus är a Gud gjord till synd för oß, samt: Kristus wardt en förbannelse för oß. Då har Luther rätt, när han säger: „Detta språk, nemligen Gal. 3: 13, innehål ler en oöfwerwinnelig och owedersäglig motsats: om hela werldens synder äro i denna ena menniskan Je sus Kristus, då äro de icke i werlden; men om de icke äro i honom, då äro de ännu i werlden. Likaså: om Kristus blifwit skyldig till alla de synder, som wi alla hafwa begått, så äro wi frikända ifrån alla synder, men icke genom oß, wåra werk eller förtjen ster utan genom honom. Men om han är oskyldig och icke bär wåra synder, så bära wi dem och skola i dem dö och fördömas. Men Gud ware tack, som oß segren gifwit hafwer genom wår Herre Jesus Kri- stus. Detsamma betygar ju ock Paulus i det bekanta språket: „Om en är död för alla, så äro de alla döda" (2 Kor. 5). Det will ju, då döden är syn- dens lön, intet annat säga, än att om en är förban- nad för alla, så äro de alla förbannade, d. ä. så hafwa dessa alla i den ene utstått syndens straff. Tänk t. ex. om hundra personer utgifwit och under- skrifwit en skuldsedel; en för alla och alla för en, så behöfwer ju fordringsegaren icke lagsöka alla för den kulden, utan han kan hålla sig till en, hwilken han will, och då håller han sig till den, hwilken han tror kunna betala. Och har då denne betalt, så heter det, att om en har betalt för alla, så hafwa de alla betalt, och i hela werlden finnes ingen lag, som icke måste erkänna rigtigheten af en sådan slutsats. Så är nu Gud fordringsegaren och alla menniskor utan undantag jemte Kristus gäldenärerna. Nu lagsökte Gud Kristus, och han betalade, men deraf följde, att ock alla de öfriga hade betalt. Ja, hwad tycks? Är det icke enkelt räknadt och dock så swårt att fasthålla, när samwetet i högsta nöd måste kämpa med synden, döden, lagen, djefwulen och all förskräckelse. Här borde wi ju wara så modiga som lejon mot hundar, och likwål så snart någon säger något emot tron, strax äro wåra samweten så oroliga, som wore wi ännu syndare, ändock wi tro på Kristus samt bekänna, att wåra synder ligga på honom, ditlagda af Gud sjelf, och att han utan gensägelse burit dem såsom den ende rätte syndaren. — — — Det är dock ord, som betyda något. Gud hjelpe oß derföre att behålla dem i ett troget hjerta! Här hafwa Guds barn sin hårdaste kamp — en kamp, hwarom fariseerna och de skriftlärda intet weta. Men alla I, som stån i denna öfning, hållen ut ännu en liten tid! Tröttnen icke och låten eder icke på nytt fångas! Så länge wi wandra i ödmjukhet och gudsfruktan, skall allt gå wäl, men stiga wi af från den wägen, så att wi börja blifwa säkra, tyckande oß något wara samt allt weta och förstå, då skall ingen kunskapens klarhet kunna hjelpa oß. Nej, då skall evangelium snart blifwa oß gammalt, så att wi skola börja tänka, att „man måste komma wida högre och göra något mer“, såsom de Galaters exempel wisar. — — Ja, Herre Jesu, led oß Du med din Ande uti all sanning, såsom Du lofwat att leda de elända rätt och lära de elända din wäg. Amen!“

Herr lektor P. Waldenström! Hafwen hjert tack för de ord, som I uti denna eder predikan yttra. Af dem finner man, huru den gudomliga sanning en tid warit Eder kär och dyrbar. I hafwen bekä evangelii ljus till mångas upplysning. Äfwen denn predikan har warit många själar till uppmuntra. Jag förmodar, att I äfwen sjelf den tiden war af själ och hjerta evangelium tillgifwen. För Ed hade uppgått ett så stort ljus. O, huru salig w Ni då! Dessa saliga intryck tror jag aldrig helt o hållet skall kunna utplånas ur eder själ. Det är, ho pas jag, endast en öfwergående tjusning, i hwilk I nu råkat. I hafwen sjelf bedit, att Gud må hjelpa Eder att behålla dessa ord i ett troget hjert. I talen om en hård kamp. Jag är öfwertygad derom att mången swår kamp genomgått äfwen eder eg själ. I haden swårt, att öfwergifwa eder egen lära; men frestelsen war för stor! Ni öfwergaf den, oaktad I warnaden andra att hålla ut, att ej tröttas oc ej på nytt fångas. Men I tröttnaden sjelf, I ble wen sjelf fången. „Så länge wi wandre i ödmjukh och gudsfruktan, skall allt gå wäl", försäkrade n sjelf, „men stige wi af från den wägen, så att w börja blifwa säkra, tyckande oß något wara samt al weta och förstå, då skall ingen kunskapens klarhe kunna hjelpa oß." Nu har Ni sjelf stigit af fra den wägen. Men jag tror dock, att Ni ännu ha stor kamp i edert inre. Jag tror, att ofta i natten stillhet en röst ljuder till Eder: „Betänk hwarifra du fallit och wänd om!" Om dock den förra lära war den rätta, wißt wore det grufligt att nedrifwa den. Den smak, som kärlet fått, öfwergifwer ej de så lätt; den som smakat gammalt win, får ej så lät smak för nytt, utan säger: det gamla är bättre. Då man en gång smakat det goda Guds ord, så är det för all framtid en kraftig påminnelse, som man ej helt och hållet kan blifwa af med. Derföre tror jag, att äfwen I uti edert hjertas djup är öfwertygad om den evangeliska lärans sanning, äfwen om den strider emot Edert förnuft! Föga skulle Ni förut ens kunnat ana, huru det skulle gå med Eder. Då man behjertar, huru I förut utspridt sanningen, hwilken I nu förneken, werkar det ett djupt wemod. Derföre beder jag att få erinra Eder om Pauli ord till de Galater: O I oförståndiga Galater, ho haf- wer tjust Eder, att I icke skullen lyda sanningen! Hwilkom Jesus Kristus för ögonen målad war, och nu ibland Eder korsfäst är. Det är onekligt, att äfwen I sjelf råkat i de Galaters förwillelse, för hwilken I förut så allwarligt warnade andra. I borden sjelf finna, hwart sådant leder! Låten Eder ej tjusas af mångdens bifall, utan behjerten, hwad Edra sanna wänner erinra Eder om. Låten ej deras warningar och böner wara förgäfwes!

Blott för lärans skull har jag nödgats uppträda emot Eder. Iären för mig alldeles obekant; I haf- wen intet ondt gjort mig. Men då jag funnit, att I förut så klart framställt sanningen, har jag ej kun- nat betrakta Eder annorlunda än som en kär wän, för hwilken jag har mycket medlidande, då jag funnit, huru Ni öfwergifwit Eder egen på Guds ord grun- dade lära. Utan förbehåll har jag öppet uttalat min mening, ofta har jag äfwen nödgats uttrycka mig ganska skarpt; men jag har ansett, att saken fordrar det; ty den rena läran är af yttersta wigt. Jag är wiß derpå, att om I ännu fån nåd att besinna Eder, skolen I ännu af hjertat tacka mig och alla trogna, som bestraffat Eder. En wäns slag är bättre än en fiendes kyß. Wi må derföre följa psalmistens exem- pel, som säger: Den rättfärdige slå mig wänliga och straffe mig; det skall göra mig så godt, som balsam på mitt hufwud. Ps. 141: 5.

Ett önskar jag till slut: att I icke mån begå synd emot den Helige Ande, med afseende hwarå det heter: Det är omöjligt, att de som en gång upplyste äro, och smakat hafwa den himmelska gåfwan, och

delaktiga wordne äro af den Heliga Anda och smak-
hafwa det goda Guds ord och den tillkomman-
werldens kraft; om de affalla, och på nytt sig sjelfwe
korsfästa Guds Son, och för spott hålla; att de ske
igen förnyas till bättring. Ty jorden, som indric
regnet, som ofta kommer på henne, och bär dem b
qwäma örter, som henne bruka, hon får wälsignel
af Gudi. Men den törn och tistel bär, hon är oduc
lig, och närmast förbannelsen; hwilkens ändalykt är
att hon skall brännas. Men wi förse oß, I älskelig
till Eder det bättre är, och det till saligheten nä
mare är; ändock wi så tale. Wi begäre, att hw
och en flit bewisar, till att hålla hoppet fast inti
ändan, att I icke tröge blifwen, utan deras efterfö
jare, som genom tron och långmodighet få det ar
som utlofwadt är. (Ebr. 6: 4—12.) Saken är a
högsta wigt; måtte Ni behjerta det förr än det ä
för sent. Måtte Herren sjelf rycka Eder såsom e
brand ur elden; och alla fromma hjertan skola dera
fröjdas. Jag öfwerlemnar Eder i Guds hand! Farwäl

Till sist beder jag ännu att anföra en scen u
brukspatron Adamsson. „Så kom man fram ti
porten (af staden Helighet). Här såg Abrahamsson
Evangelist i förtwiflan irra utanför muren.

„Hwarföre går du ej in?“ frågade han.

„We, we jag får icke!“ blef det hemska swaret

„Ja, men du war ju alltid from, predikade
wäldeligen och förde genom din trogna bön och trägna
arbete mången in i Evangelium.“

„Ja, det är sant, och mor Enfaldig, som nu
är inne, war en bland dem, till hwilkas räddning
jag fick wara ett medel. Nu fröjdas hon, jag måste
förtwifla i ewighet.“

„Ack, hwarföre?“

„Jo, jag lefde en lång tid lycklig i Evangelium,
men, o we! jag började fatta behag till mig sjelf
och söka egen ära. Jag öfwergaf Evangelium och
flyttade till Egenrättfärdighet. Der förgat jag den

rsta kärleken och blef allt mer och mer förblindad. å kom bud efter mig. Med stor frimodighet utro- ade jag: „Jag har kämpat en god kamp, jag har ullbordat loppet, nu är mig förwarad rättfärdighe- ns krona“, men när jag kom hit, fann jag mig rfärligt bedragen.“

Här skildrar P. W. sjelf, huru det går med em, som predikat evangelium för andra, men sjelfwe fwergifwit detta evangelium och gått öfwer till genrättfärdigheten. De tro sig ha kämpat en god amp, och finna sig dock för ewigt uteslängda. Detta r en bild för P. W. sjelf, om han stadigt och återkalleligen skall förbli i egenrättfärdigheten med ortfarande förskjutande af det sanna evangelium. Dock skulle patron Abrahamssons öde förebåda oß et, som bättre är. Det är tywärr beklagligt, att P. W. tyckes gå framåt på sin nu började bana utan att wilja återwända; ja han warnar äfwen sina wänner att ej stadna och återwända. En återgång tyckes wara swår. Dock Herrens hand är stark. Hans barmhertighet är stor. Wi wilja hoppas det bästa. Wi hoppas och bedja, att P. W., förr än han lem- nar detta skiftesrika lif, förkrossad skall erkänna sitt gräseliga mißtag. Men mera frukta wi med afseende å predikanterne bland hans anhängare, hwilka icke någonsin känt evangelium såsom han, och derföre gå ännu dristigare tillwäga i sitt egenrättfärdighets nit. Jag fruktar, att Evangelists exempel skall på flere af dem gå i fullbordan. På dem passar Pauli ord: Jag bär wittnesbörd om dem, att de hafwa nit om Gud, men icke wisligen; ty de förstå icke Guds rätt- färdighet utan söka att upprätta sin egen rättfärdighet och äro så icke Guds rättfärdighet underdåniga. Och alle de som med lagens gerningar umgå äro under förbannelsen.

Om slutet för P. W. blefwe sådant, som för Abrahamsson, så blefwe dock allt bra, huru mycket än blifwit brutet.

„Abrahamsson skälfde och böjde sitt hufwud mot Immanuels bröst. Nu kommo de in, och h Abrahamsson fick det på Helighet, det är ännu uppenbart, men de som sjelfwa komma dit, skola se det. Gud hjelpe oß alla för Immanuels skull Måtte denna P. W:s egen bön ej hafwa förkling förgåfwes. Måtte Herren i sin stora barmhertigh hafwa hört den! Det önska wi af hjertans grund.

Wänder eder till mig, säger Herren, s warden I salige, alle werldenes ändar; ty ja är Gud och ingen mer. Jag swär wid mi sjelf, och ett rättfärdighets ord går utaf mi mun, der skall det blifwa wid: nemligen, mi skola alla knän böjas, och alla tungor swärj och säga: Uti Herranom hafwer jag rättfärdig het och starkhet; desse skola ock komma till He nom; men alle de, som honom emotstå, måst till skam warda. Ty uti Herranom warder al Israels säd rättfärdigad, och skall berömma si af Honom. Amen.

Postscriptum.

Författaren sände de twenne första arken af denna
rift, sedan de blifwit tryckta, till några wänner för
t granskas, med anhållan, att de härwid wille göra
anmärkningar, de ansågo nödiga. Endast en liten
nmärkning gjordes af dem. En af dem skrifwer den
1 juli 1880: "Bröderna — — hafwa genomgått
storns skrift och önska wid återsändandet göra en wän-
g påminnelse emot (sid. 6) den satsen: "Mången anser
on för en lätt sak, **man tror blott utan widare
ch annammar nåden helt frimodigt,** men hjertat
rblir oförändradt o. s. w. Meningen kan ju inga-
nda wara den, som orden gifwa tillkänna, att dessa
ämnda eller åsyftade **werkligen** skulle annammat nå-
en; ty då wore ju **nåden** och icke den annammande
ulden till att icke hjertat blir förändradt. Apostelen
äger ju dock, att "Guds nåd, helsosam allom menniskom
r oß uppenbarad och (der den annammas) lärer oß att
örsaka all ogudaktighet och werldslig lusta", m. m.
Tit. 2: 11 o. f.)"

Så lydde påminnelsen. Blott detta hade wän-
nerna att anmärka. Då det anmärkta stället, som möj-
ligtwis kan leda till mißförstånd, redan är tryckt samt
således swårt att återtaga, beder jag att här endast i
korthet få förklara mig. Sammanhanget torde utwisa,
att jag ej här åsyftat den werkliga saliggörande tron,
utan endast en sjelfgjord, inbillad tro, som ej är rätt
grundad på Kristus och den i Honom skedda förloßnin-
gen och ej är werkad af den Helige Ande. Det finnes

ju många, som anse sig tro. Mången, som ej kän synden, är frimodig i sin förmenta tro. Snart hela werlden anser sig tro på Guds nåd. Gud är dig, menar man; Han behöfwer ej försonas. En på Guds nåd **utan medlare** är dock falsk och kan bära goda frukter. Wi ha sett huru Luther yttrar "Wår tro och allt hwad wi kunna hafwa af Gud, icke nog! ja, det är icke rättskaffens, om wi icke föri oß under denna hönans wingar, och tro stadeligen, icke wi, utan Kristus för oß kan tillfyllestgöra G rättfärdighet, och att han gjort det; och att nåd salighet warder oß gifwen, icke för wår tros skull, u för Kristi skull." Och åter säger Luther: "Nu det uti en Epistel tillförene sagdt, huruledes det ej nog, att wi äre fromme, hafwe goda gerningar, lefwe i nåden. Ty icke ens wår rättfärdighet, my mindre wår orättfärdighet, kan bestå inför Guds ög och dom. Jag har derföre sagt: det är den rätta tro art, att hon icke förlåter sig uppå sig sjelf, eller up sin tro, utan hon håller sig till Kristum, och gifwer under hans rättfärdighet, och låter henne wara sitt skärm och wärn, likasom kycklingen icke förlåter sig u sitt lif och löpande, utan tager sin tillflykt inunder h nans kropp och wingar. Ty den som will bestå inf Guds dom, honom är ej nog, att han säger: jag tr och hafwer nåd. Ty allt hwad hos honom är, kan ic beskydda honom; utan han sätte Kristi egen rättfärdig emot samma dom, och låte den med Guds dom handl ty hon kan med all ära bestå inför honom ewinnerlig som Ps. 111: 3 och Ps. 112: 3 säger: **Hans rätt färdighet blifwer ewinnerliga.** (Kyrkopost. pre på S:t Stefani dag). Det är således ej nog, att man r sig en föreställning om nåden; man måste äfwen eta, hwarpå den grundar sig. Mången anser det för ıfwudsak, att man blott tror nåden, och grundar på nna tro sitt hopp. De säga: wißt är Gud mig någ, efter jag tror och känner mig förwissad om hans id. Men denna wißhet måste hafwa ett fast stöd, som e ramlar. Många sakna dock ett sådant. Luther arnar ofta för en falsk tro, hwilken han beskrifwer t. . i sitt företal till Romarebrefwet. Det är en sådan grundad tro, som jag med de anmärkta orden åsyftat. ag har äfwen å anförda ställe åberopat mig på Lu-)ers predikan öfwer 27 söndagen efter trinitatis i Evanelii postillan och jag beder ännu läsaren fästa synnerlig igt wid sednare predikan på denna dag N:o 113 §§ —13 **om de wisa och fåwitska jungfrurna.**

Allestädes, der ordet rätt förkunnas, finnes det bland dem, som hylla evangelium, twå slags folk: wisa ch fåwitska jungfrur. De förra hafwa genom lagen ärt sig känna sitt totala förderf, och genom evangelium Kristi dyra förtjenst, hwarpå de endast bygga. Men de åwitska hafwa ej lärt sig rätt känna Gud eller sig jelfwa samt bära derföre dåliga frukter. Kristenheten har stor skada af dem, som anse sig tro, och dock ha blott en död tro och falsk inbillning. De draga wanigtwis Guds nåd till lösaktighet. Genom sitt evangelium owärdiga lefwerne, kasta de en skugga på den rena läran, som derigenom warder försmädad. Sådana ultra-evangeliska gå lätt öfwer till ultra-lagiskhet samt bli hätska fiender till evangelii rena lära. De förleda sig sjelfwa och andra samt gå förlorade, ifall ej en sann bättring mellankommer. En sådan ytlighet anser jag äfwen wara grunden till den af oß bekämpade waldenströmska willfarelsen.

Såsom det af hela denna min skrift torde fra
lysa, erkänner jag gerna enligt Tit. 2: 11 f., att Gu
nåd helsosam allom menniskom är uppenbar och lärer oss, att wi skola försaka all ogudakti het och werldslig lusta, och lefwa tukteligen, rät **färdeligen och gudeligen i denna werlden** o **wänta det saliga hoppet, och den stora Gu och wår Frälsares Jesu Kristi härliga uppe barelse; den sig sjelf gaf för oss, på det ha skulle förlossa oss ifrån all orättfärdighet,** o **rena oss sig sjelfwom ett folk till egendom,** d **sig om goda gerningar beflitar.** Det är just dett som min afhandling åsyftat. Gud gifwe deråt sin wä signelse. Om några uttryck wore mindre tydliga, så m de bedömmas i sammanhang med det hela. Jag ho pas att härmed icke stöta lefwande Guds församlin Guds frid, som öfwergår allt förstånd, förware wå hjerta och wårt sinne i Kristo Jesu! Amen.

Ingram Content Group UK Ltd.
Milton Keynes UK
UKHW050707120623
423291UK00008B/379

9 781287 401